KB082714

기초를 다져주는

핵심 중국어문법

원종민 지음

머리말

『기초를 다져주는 핵심 중국어 문법』은 중국어를 배우는 학습자들이 항상 옆에 두고 손쉽게 찾아볼 수 있도록 구성한 중국어 문법책입니다. 이 책은 다음과 같은 부분에 주력하였습니다.

1. **핵심적인 문법 사항과 실용적인 예문을 실었습니다.**
   중국어에서 가장 중요한 문법 사항을 30과로 나누어 용례를 중심으로 설명하였고, 또한 초·중급의 수준을 넘지 않는 범위 내에서 실용적인 예문을 실으려 노력하였습니다.

2. **단계에 따른 점층적인 작문 연습을 통하여 그 과에서 배운 문법 사항을 바로 작문으로 확인, 연습할 수 있도록 하였습니다.**
   먼저 각 단원의 문법을 공부한 후 주어진 단어를 가지고 어순에 맞도록 문장을 만들어 보는 연습을 하고, 다시 문형 확대 연습을 거쳐 여러 작문을 연습할 수 있게 하였습니다.

3. **모든 단어와 문장에 한어병음과 우리말 번역을 달아 사전이 없이도 혼자 공부할 수 있도록 하였습니다.**
   모든 예문과 문법 용어에 한어병음을 달았으며, 작문 부분에서는 해당 문장에서 핵심이 되는 단어에 대해 한어병음과 그 뜻을 함께 제시하여 작문의 어려움을 극복할 수 있도록 하였습니다.

4. **문법 사항을 응용한 속담이나 수수께끼, 일러스트로 자연스럽게 문법을 익히도록 하였습니다.**

모쪼록 이 책이 중국어를 처음 배우는 사람이나 중국어 전공을 시작하는 학생들에게 유용한 문법·작문의 안내서가 되길 바라며 아울러 이 책의 문법 설명과 예문을 위해서 《现代汉语词典》(1980)·《汉语语法概要》(1992)·《汉语语法难点释疑》(1992)·《现代汉语常用词用法词典》(1997)·《现代汉语八百词》(1999) 등의 책을 참고하였음을 밝힙니다.

이 책이 나오기까지 많은 도움을 주신 분들께 감사를 전하고 싶습니다. 먼저 본인에게 문법·작문을 위한 강의 노트를 만들 수 있도록 도와주시고 격려해 주신 동덕여대 김윤태 선생님, 출판되기 전 가제본을 만들어 강의 시간에 활용하시며 꼼꼼히 문제점을 지적해 주신 외대 김현주 선생님과 외대 연수원의 요적연 선생님, 중국어 원문의 내용을 꼼꼼하게 살피며 교정과 함께 많은 도움을 준 고현수 동학에게 감사의 말씀을 드립니다.
끝으로 이 책의 출판을 위해 많은 정성과 노력을 아끼지 않으신 이기선 실장님을 비롯한 제이플러스 출판사 가족 여러분께도 깊은 감사를 드립니다.

원종민

Contents

1장 문장의 종류

2장 문장의 성분

3장 동사의 태

문장의 종류

중국어의 문장은 구조에 따라 단문과 복문으로 구분할 수 있고, 용도에 따라서는 진술문, 의문문, 명령문, 감탄문으로 나눌 수 있다. 이 장에서는 문장의 종류와 유형을 이해하고 각 문장에 따른 긍정형, 의문형, 부정형 등을 익히는데 중점을 두었다.

▶ 중국어의 문장의 종류는 크게 구조상의 분류와 용도상의 분류로 나눌 수 있다.

문장	구조상의 분류	단문	주술문	동사 술어문
				형용사 술어문
				주술 술어문
				명사 술어문
			비주술문	
		복문	병렬 복문	
			순접 복문	
			점층 복문	
			선택 복문	
			전환 복문	
			인과 복문	
			조건 복문	
			가정 복문	
			목적 복문	
	용도상의 분류	진술문		
		의문문	일반 의문문	
			의문사를 사용하는 의문문	
			선택식 의문문	
			정반 의문문	
		명령문		
		감탄문		

01 동사 술어문

동사 또는 동사구가 문장의 주요 술어가 되는 문장을 동사 술어문이라 한다. 여기서 쓰인 동사는 주어의 동작이나 행위 및 심리활동 등을 묘사한다. 중국어의 가장 큰 특징 중 하나가 동사 자체는 활용형이나 변화가 없다는 점이다. 부정이나 의문은 어떻게 나타내는지 잘 살펴보자.

긍정문	我工作。	주어 + 술어(동사)
	我吃饭。	주어 + 술어(동사) + 목적어
	老师教我们汉语。	주어 + 술어(동사) + 간접 목적어 + 직접 목적어
부정문	妈妈不工作。	주어 + 不 + 술어(동사)
	他没来。	주어 + 没 + 술어(동사)
의문문	他工作吗?	주어 + 술어(동사) + 吗 ?
	你去不去?	주어 + 술어(동사) + 不 + 술어(동사)?

1 동사 술어문의 긍정문

동사 술어문의 가장 기본적인 형태는 목적어가 없이 동사 하나로 된 문장이다.

- 他 来。 그는 온다.
  Tā lái.
- 我 工作。 나는 일을 한다.
  Wǒ gōngzuò.
- 我 说，你 听。 나는 말하고, 너는 듣는다.
  Wǒ shuō, nǐ tīng.

목적어가 올 때는 '주어 + 동사 + 목적어' 순으로 말한다.

- 我 喜欢 你。 나는 너를 좋아해.
  Wǒ xǐhuan nǐ.
- 爸爸 喝 酒。 아버지는 술을 드신다.
  Bàba hē jiǔ.
- 他 唱 歌儿。 그는 노래를 부른다.
  Tā chàng gēr.

동사 하나가 두 개의 목적어를 갖는 형태로, '주어 + 동사 + 간접 목적어(사람) + 직접 목적어(사물)' 순으로 말한다. 이때 사람과 사물의 순서를 바꾸어 말할 수 없다.

· 王 老师 教 我们 汉语。
Wáng lǎoshī jiāo wǒmen Hànyǔ.
왕 선생님은 우리에게 중국어를 가르치신다.
※ 왕 선생님은 가르치신다 (누구를) 우리를 (무엇을) 중국어를

· 我 朋友 给 我 生日 礼物。
Wǒ péngyou gěi wǒ shēngrì lǐwù.
내 친구는 나한테 생일 선물을 준다.

· 找 您 五 块 六 毛。
Zhǎo nín wǔ kuài liù máo.
당신에게 5위안 6마오를 거슬러 드리겠습니다.

두 개의 목적어(간접 목적어와 직접 목적어)를 취할 수 있는 동사

·教	jiāo	~에게 ~을(를) 가르치다	·给	gěi	~에게 ~을(를) 주다
·找	zhǎo	~에게 ~을(를) 거슬러주다	·送	sòng	~에게 ~을(를) 선물하다
·告诉	gàosu	~에게 ~을(를) 말해주다	·还	huán	~에게 ~을(를) 돌려주다
·递	dì	~에게 ~을(를) 넘겨주다	·通知	tōngzhī	~에게 ~을(를) 통지하다
·问	wèn	~에게 ~을(를) 묻다	·报告	bàogào	~에게 ~을(를) 보고하다
·借	jiè	~에게 ~을(를) 빌려주다			

2 동사 술어문의 부정문

동사 앞에 부정 부사 '不 bù'나 '没 méi'를 넣는다. '不'는 동사 '有 yǒu'를 제외한 모든 동사의 현재형을 부정할 때 쓰고, '没'는 동사 '有'와 모든 동사의 과거를 부정할 때 쓴다.

· 妈妈 不 工作。
Māma bù gōngzuò.
엄마는 일하지 않는다.

· 我 没 有 法文 书。
Wǒ méi yǒu Fǎwén shū.
나는 불어책이 없다.

· 今天 我 朋友 没 来。
Jīntiān wǒ péngyou méi lái.
오늘 내 친구는 오지 않았다.

※ 不는 현재 부정, 没는 과거 부정에 쓴다. 단 有는 현재 부정이라도 没有로 표현한다.

3 동사 술어문의 의문문

의문문은 두 가지 방법이 있다. 첫째, 문장 끝에 의문을 나타내는 어기조사 '吗 ma'를 붙이는 방법이다.

- 你 朋友 工作 吗?
  Nǐ péngyou gōngzuò ma?
  네 친구는 일을 하니?
- 她 学 汉语 吗?
  Tā xué Hànyǔ ma?
  그녀는 중국어를 배웁니까?

둘째, 술어로 쓰인 동사의 긍정형과 부정형을 나란히 놓는 방법이다. 이것을 '정반 의문문'이라고 한다.

- 今天 你 去 不 去 中国?
  Jīntiān nǐ qù bu qù Zhōngguó?
  오늘 너 중국에 가니?
- 他 看 不 看 杂志?
  Tā kàn bu kàn zázhì?
  그는 잡지를 보니 안 보니?

Tip
의문문 만드는 방법
① ~吗?
② ~不~?

작문연습

1 주어진 단어로 문장 만들기

(1) 그녀는 매일 중국어를 공부한다.

她 / 汉语 / 学习 / 每天

➡ ______________________________。

(2) 우리는 일본어를 배우지 않는다.

不 / 日语 Rìyǔ / 我们 / 学习

➡ ______________________________。

(3) 그는 왕 군의 친구이지 나의 친구가 아니다.

是 / 小王 / 朋友 / 的 / 不是 / 他 / 我 / 朋友 / 的

➡ ______________________________。

小(xiǎo)는 나이 어린 사람의 성씨 앞에, 老(lǎo)는 손윗사람의 성씨 앞에 붙인다. 친근감을 나타내는 호칭.

(4) 나는 그에게 소설 한 권을 준다.

给 / 他 / 一 / 小说 xiǎoshuō / 我 / 本

➡ ______________________________。

(5) 장 선생님은 우리에게 수학을 가르치신다.

数学 shùxué / 教 / 张老师 / 我们

➡ ______________________________。

(6) 너는 서점에 안 가니?

吗 / 书店 shūdiàn / 不 / 你 / 去

➡ ______________________________?

2 문장 확장 연습

(1) 모두가 이 방법이 아주 좋다고 생각한다.

① 방법이 좋다.

➡ ______________________________。

② 이 방법이 아주 좋다.

➡ ______________________________。

③ 이 방법이 아주 좋다고 생각한다.

➡ ______________________________。

④ 모두가 이 방법이 아주 좋다고 생각한다.

➡ ______________________________。

(2) 매일 그는 친구들과 함께 농구를 한다.

① 농구를 하다.

➡ ______________________________。

② 함께 농구를 하다.

➡ ______________________________。

③ 그는 친구들과 함께 농구를 한다.

➡ ______________________________。

④ 매일 그는 친구들과 함께 농구를 한다.

➡ ______________________________。

HINT

办法 bànfǎ 방법
很 hěn 아주, 매우
认为 rènwéi ~라고 생각하다
大家 dàjiā 모두

Tip
个 : 전용양사가 없는 명사에 두루 쓰이는 양사.

打篮球 dǎ lánqiú 농구를 하다
一起 yìqǐ 함께
跟 gēn ~와, ~과
每天 měitiān 매일

연습문제

◆ 다음 문장을 중국어로 작문하시오.

1. 나는 일을 하고, 그도 역시 일을 한다.

______________________________。

2. 그는 밥을 먹고, 그의 친구는 빵을 먹는다.

______________________________。

3. 엄마는 홍차를 마시고, 나는 커피를 마신다.

______________________________。

4. 형은 음악을 듣고, 나는 영화를 본다.

______________________________。

5. 나는 술을 마시지만 담배는 피우지 않는다.

______________________________。

6. 아버지는 술을 마시지 않고, 또한 담배도 피우시지 않는다.

______________________________。

7. 그는 잡지를 보지 않고, TV를 본다.

______________________________。

8. 그는 중국어를 배웁니까?

______________________________?

9. 너 뭐 마시니?

______________________________?

10. 네 친구는 영어 배우니?

______________________________?

HINT

也 yě 역시, 또한

米饭 mǐfàn 밥
面包 miànbāo 빵

红茶 hóngchá 홍차
咖啡 kāfēi 커피

音乐 yīnyuè 음악
电影 diànyǐng 영화

喝酒 hējiǔ 술을 마시다
抽烟 chōuyān 담배를 피우다

杂志 zázhì 잡지
电视 diànshì 텔레비전

什么 shénme 무엇 (뒤에 명사가 올 때는 '무슨')

英语 Yīngyǔ 영어

02 형용사 술어문

형용사가 술어의 주요 성분이 되는 문장을 **형용사 술어문**이라 하며, 술어로 쓰인 형용사는 주어의 성질이나 형상·상태 등을 묘사한다. 일반적으로 단음절 형용사로 이루어진 긍정문에서는 부사 '很'을 형용사 앞에 붙여 말한다. 그러나 두 사물이나 사람 사이의 비교를 나타낼 때는 부사 '很'을 수반하지 않고 형용사 단독으로 술어를 이룰 수 있다. '很'의 용법에 유의하여 기본문형을 살펴보자.

긍정문	那个很贵。	주어 + 술어(형용사)
부정문	那个不好。	주어 + 不 + 술어(형용사)
의문문	你好吗?	주어 + 술어(형용사) + 吗?
	这个好不好?	주어 + 술어(형용사) + 不 + 술어(형용사)?

1 형용사 술어문의 긍정문

형용사는 주어의 성질이나 상태 등을 나타낸다.

很은 '아주'란 뜻이 있지만, 보통은 따로 번역하지 않고 뒷말을 강조하는 역할을 한다.

- 这个 很 贵。 이것은 비싸다.
  Zhège hěn guì.
- 他 很 高。 그는 키가 크다.
  Tā hěn gāo.
- 现在 我 很 忙。 나는 지금 바쁘다.
  Xiànzài wǒ hěn máng.

정도를 나타내는 부사 '很' 없이 형용사가 단독으로 술어를 이룰 때는 비교나 대비를 나타낸다.

- 这个 好，那个 不 好。 이것은 좋고, 저것은 좋지 않다.
  Zhège hǎo, nàge bù hǎo.
- 男 学生 多，女 学生 少。 남학생은 많고, 여학생은 적다.
  Nán xuésheng duō, nǚ xuésheng shǎo.

질문에 대해 대답할 때는 보통 '很'을 빼고 말하지만, '很'이 있으면 '아주'란 뜻으로 형용사를 강조해준다.

A：这个 贵 不 贵?　　이거 비싸요?
Zhège guì bu guì?

B：贵。　　비싸요.
Guì.

很 贵。　　아주 비싸요.
Hěn guì.

2 형용사 술어문의 부정문

형용사 술어문의 부정문은 형용사 앞에 부정 부사 '不'를 넣는다.

- 我 不 累。　　나는 피곤하지 않아.
  Wǒ bú lèi.
- 我 的 英文 书 不 多。　　내 영어 책은 많지 않다.
  Wǒ de Yīngwén shū bù duō.
- 那 家 银行 不 大。　　저 은행은 크지 않다.
  Nà jiā yínháng bú dà.

Tip
家 : 가정, 가게, 공장 등을 세는 양사

3 형용사 술어문의 의문문

동사 술어문과 마찬가지로 문장 끝에 의문 조사 '吗'를 붙인다.

- 你 今天 忙 吗?　　너 오늘 바쁘니?
  Nǐ jīntiān máng ma?
- 那个 东西 便宜 吗?　　저 물건은 싸니?
  Nàge dōngxi piányi ma?

술어로 쓰인 형용사의 긍정형과 부정형을 병렬하는 정반 의문문이 있다.

- 你们 学校 大 不 大?　　너희 학교는 크니?
  Nǐmen xuéxiào dà bu dà?

- 这些 汉字 难 不 难?
  Zhèxiē Hànzì nán bu nán?
  이 한자들은 어렵니?
- 那些 花 好看 不 好看?
  Nàxiē huā hǎokàn bu hǎokàn?
  저 꽃들은 예쁘니?
- 参加 舞会 的 人 多 不 多?
  Cānjiā wǔhuì de rén duō bu duō?
  댄스 파티에 참가하는 사람이 많니?

Tip
些 : 약간, 조금, 몇이란 뜻으로 这, 那 다음에 쓰여 복수를 만든다. ~들.

우리 속담 한 마디

열 길 물 속은 알아도, 한 길 사람 속은 모른다.

画 虎 画 皮 难 画 骨,
Huà hǔ huà pí nán huà gǔ,
知 人 知 面 不 知 心。
zhī rén zhī miàn bù zhī xīn.

작문연습

1 주어진 단어로 문장 만들기

(1) 우리 기숙사는 매우 깨끗하다.

宿舍 sùshè / 很 / 我们 / 干净 gānjìng

➡ ____。

(2) 이번 주에 우리는 그다지 바쁘지 않다.

不 / 忙 / 这 / 我们 / 个 / 星期 xīngqī / 太

➡ ____。

(3) 이 한자는 어려운데 저 한자는 어렵지 않다.

这 / 难 nán / 不 / 个 / 难 / 汉字 Hànzì / 个 / 那

➡ ____。

(4) 도서관의 책은 아주 많다.

很 / 图书馆 túshūguǎn / 书 / 的 / 多

➡ ____。

(5) 서울의 겨울은 춥지 않다.

冷 lěng / 冬天 dōngtiān / 的 / 不 / 首尔 Shǒu'ěr

➡ ____。

(6) 북경의 여름은 덥습니까?

热 rè / 北京 Běijīng / 不 / 热 / 的 / 夏天 xiàtiān

➡ ____?

2 문장 확장 연습

(1) 저 여자아이는 아주 용감합니다.

① 용감합니다.

➡ ____。

② 아주 용감합니다.

➡ ____。

③ 여자아이는 아주 용감합니다.

➡ ____。

④ 저 여자아이는 아주 용감합니다.

➡ ____。

(2) 우리가 견학하러 가는 그 공장은 아주 크다.

① 공장이 아주 크다.

➡ ____。

② 그 공장은 아주 크다.

➡ ____。

③ 견학하러 가는 그 공장은 아주 크다.

➡ ____。

④ 우리가 견학하러 가는 그 공장은 아주 크다.

➡ ____。

HINT

勇敢 yǒnggǎn
용감하다

女孩子 nǚháizi
여자아이

工厂 gōngchǎng
공장

去 qù 가다

参观 cānguān
견학하다

연습문제

◆ 다음 문장을 중국어로 작문하시오.

1. 이 책은 비싸다.

____。

2. 오늘 나는 바쁘다.

____。

3. 그의 기숙사는 크다.

____。

4. 오늘 날씨는 덥다.

____。

5. 우리 학교의 강당은 크다.

____。

6. 이것은 비싸고, 저것은 싸다.

____。

7. 이 물건은 깨끗하고, 저 물건은 더럽다.

____。

8. 이 집은 크고, 저 집은 작다.

____。

9. 이 한자는 어렵고, 저 한자는 쉽다.

____。

10. 서울의 겨울은 그다지 춥지 않다.

____。

HINT

贵 guì 비싸다

天气 tiānqì 날씨

礼堂 lǐtáng 강당

便宜 piányi 싸다

干净 gānjìng 깨끗하다

脏 zāng 더럽다

房子 fángzi 집, 건물

难 nán 어렵다

容易 róngyì 쉽다

不太 bú tài 그다지 ~하지 않다

주술 술어문

'주어+술어'로 이루어진 '주술구'가 술어의 주요 성분이 되는 문장을 **주술 술어문**이라 한다. 술어가 된 '주술구'는 주어를 구체적으로 묘사하거나 설명한다. 중국어에는 ~은/는, ~이/가, ~을/를, ~하고, ~해서와 같은 말이 따로 없으므로 문장의 전후 흐름으로 자연스럽게 해석하면 된다.

긍정문	我头疼。	주어 + 술어(주어 + 술어)
부정문	他个子不高。	주어 + 술어(주어 + 不 + 술어)
의문문	你身体好吗?	주어 + 술어(주어 + 술어) + 吗?
	他个子高不高?	주어 + 술어(주어 + 술어 + 不 + 술어)?

1 주술 술어문의 긍정문

'(주어)는 ~가 ~하다'란 뜻을 나타낸다. '~가 ~하다' 부분이 주어와 술어로 되어 있으므로 주술구가 된다.

- 爸爸 身体 很 好。
  Bàba shēntǐ hěn hǎo.
  아버지는 아주 건강합니다.
  ※ 직역하면 아버지는 몸이 (아주) 좋으시다.
- 我 头 疼。
  Wǒ tóu téng.
  나는 머리가 아프다.
- 这儿 空气 很 好，也 很 安静。
  Zhèr kōngqì hěn hǎo, yě hěn ānjìng.
  이곳은 공기가 아주 좋고, 또 아주 조용하다.
- 我 体重 七十五 公斤，身高 一 米 八。
  Wǒ tǐzhòng qīshíwǔ gōngjīn, shēngāo yì mǐ bā.
  나는 체중이 75킬로그램이고, 신장은 180센티미터이다.

Tip
키를 말할 때 뒤에 十을 생략하고 '身高一米八。'라고도 하고, 숫자 0을 넣어 '身高一米八零。'이라고도 한다.

2 주술 술어문의 부정문

부정을 나타내는 부정 부사 '不'를 술어 앞에 놓는다.

- 我 胃口 不 好。 나는 입맛이 없다.
  Wǒ wèikǒu bù hǎo.
- 他 个子 不 高。 그는 키가 크지 않다.
  Tā gèzi bù gāo.
- 今天 姐姐 身体 不 舒服。 오늘 누나는 몸이 불편하다(안 좋다).
  Jīntiān jiějie shēntǐ bù shūfu.
- 我们 生活 不 太 习惯。 우리들은 생활이 그다지 익숙하지 못하다.
  Wǒmen shēnghuó bú tài xíguàn.

3 주술 술어문의 의문문

첫째, 문장 끝에 의문 조사 '吗'를 붙이거나 술어의 상태를 묻는 의문사 '怎么样' 등을 붙인다.

- 你 妈妈 身体 好 吗? 네 어머니는 건강하시니?
  Nǐ māma shēntǐ hǎo ma?
- 你 父亲 身体 怎么样? 네 아버지 건강은 어떠시니?
  Nǐ fùqīn shēntǐ zěnmeyàng?

둘째, 술어의 긍정형과 부정형을 나란히 나열한다.

- 张 先生 肚子 还 疼 不 疼? 장 선생은 아직도 배가 아픈가요?
  Zhāng xiānsheng dùzi hái téng bu téng?
- 你 奶奶 身体 好 不 好? 당신 할머니는 건강이 좋으세요?
  Nǐ nǎinai shēntǐ hǎo bu hǎo?

작문연습

1 주어진 단어로 문장 만들기

(1) 너는 몸이 불편하니(안 좋니)?

吗 / 舒服 / 你 / 不 / 身体

➡ ______________________________?

(2) 너희 부모님은 건강이 어떠시니?

你 / 身体 / 怎么样 / 父母

➡ ______________________________?

(3) 내 친구는 열심히 공부한다.

我 / 朋友 / 努力 nǔlì / 学习

➡ ______________________________。

(4) 우리 공장은 젊은 사람들이 적지 않다.

不 / 工厂 / 年轻人 niánqīngrén / 我们 / 少 shǎo

➡ ______________________________。

(5) 너는 아직도 이가 아프니?

牙 / 疼 / 还 / 你 / 不 / 疼

➡ ______________________________?

(6) 이곳은 공기가 아주 좋고 또한 아주 조용하다.

空气 / 很 / 这儿 / 好 / 也 / 安静 / 很

➡ ______________________________。

2 문장 확장 연습

(1) 나는 체중이 65kg이고 신장은 170cm이다.

① 체중이 65kg이다.

➡ ____。

② 신장이 170cm이다.

➡ ____。

③ 체중이 65kg이고 신장은 170cm이다.

➡ ____。

④ 나는 체중이 65kg이고 신장은 170cm이다.

➡ ____。

(2) 이런 종류의 라디오는 소리는 좋지만, 모양은 별로 예쁘지 않다.

① 소리가 좋다.

➡ ____。

② 모양이 별로 예쁘지 않다.

➡ ____。

③ 이런 종류의 라디오는 소리가 좋다.

➡ ____。

④ 이런 종류의 라디오는 소리는 좋지만, 모양은 별로 예쁘지 않다.

➡ ____。

HINT

声音 shēngyīn 소리
不错 búcuò 좋다
外形 wàixíng 모양
好看 hǎokàn 예쁘다, 보기 좋다
种 zhǒng 종류
收音机 shōuyīnjī 라디오
但 dàn 그러나

연습문제

◆ 다음 문장을 중국어로 작문하시오.

1. 우리 할머니는 건강이 아주 좋으시다.

______________________________。

2. 나는 오늘 머리가 몹시 아프다.

______________________________。

3. 이 청년은 일하는 것이 적극적이다.

______________________________。

4. 나는 오늘 몸이 아주 안 좋다.

______________________________。

5. 이런 TV는 모양이 별로 보기 좋지 않다.

______________________________。

6. 당신 할아버지의 건강은 어떤가요?

______________________________?

7. 당신은 몸이 불편하세요?

______________________________?

8. 너 오늘 식욕이 괜찮니?

______________________________?

9. 이런 라디오는 소리가 좋은가요?

______________________________?

10. 너 아직도 눈이 아프니?

______________________________?

HINT

青年 qīngnián 청년
积极 jījí
적극적이다

电视机 diànshìjī
텔레비전

爷爷 yéye
할아버지

胃口 wèikǒu
입맛, 식욕

眼睛 yǎnjing 눈

04 명사 술어문

명사나 명사구, 수량사 등이 직접 술어가 되는 문장을 **명사 술어문**이라고 한다. 명사 술어문은 주로 시간이나 나이, 숫자 등이 온다. '~이다'에 해당하는 동사 '是'를 같이 사용하기도 하지만, 생략해서 말하기도 한다. 그러나 명사 술어문의 부정은 '是'를 생략할 수 없음에 유의한다.

긍정문	**我(是)北京人。**	주어 + 술어(명사)
부정문	**他不是上海人。**	주어 + 不是 + 술어(명사)
의문문	**您(是)美国人吧?**	주어 + 술어(명사) + 의문사?

1 명사 술어문의 긍정문

명사 술어문의 술어로 쓰인 명사나 명사구, 수량사 등은 주로 주어에 대해서 설명한다.

- 今天 五 月 十五 号。 오늘은 5월 15일이다.
  Jīntiān wǔ yuè shíwǔ hào.
- 现在 十 点。 지금 10시다.
  Xiànzài shí diǎn.
- 我 爸爸 今年 五十八 岁。 저희 아버지는 올해 쉰 여덟이십니다.
  Wǒ bàba jīnnián wǔshíbā suì.
- 我 朋友 (是) 上海 人。 내 친구는 상해 사람이다.
  Wǒ péngyou (shì) Shànghǎi rén.
- 这 件 衣服 三十 块 钱。 이 옷은 30위안입니다.
  Zhè jiàn yīfu sānshí kuài qián.

※ '이 옷'이라고 할 때 그냥 '这衣服'라 하지 않고 양사 '件'을 써서 '这件衣服'와 같이 표현한다.

2 명사 술어문의 부정문

명사 술어문의 부정은 술어로 쓰인 명사 앞에 반드시 '不是'를 넣어 부정한다.

· 今天 不 是 三 月 三 号。
Jīntiīn bú shì sān yuè sān hào.
오늘은 3월 3일이 아니다.

· 现在 不 是 十二 点 半。
Xiànzài bú shì shí'èr diǎn bàn.
지금은 12시 반이 아니다.

· 她 不 是 北京 人。
Tā bú shì Běijīng rén.
그녀는 북경 사람이 아니다.

· 我 不 是 三十 岁。
Wǒ bú shì sānshí suì.
나는 서른 살이 아니다.

是 ~이다
不是 ~(이)가 아니다

3 명사 술어문의 의문문

술어로 쓰인 명사 뒤에 의문을 나타내는 의문 대사나 의문 어기 조사 '吗'나 '吧'를 사용하여 의문문을 만든다. '吗'에 비해 '吧'는 추측의 의미가 강하다.

· 这 本 书 多少 钱?
Zhè běn shū duōshao qián?
이 책은 얼마입니까?

· 你 (是) 哪儿 的 人?
Nǐ (shì) nǎr de rén?
당신은 어디 사람입니까?

· 小张，你 北京 人 吧?
Xiǎozhāng, nǐ Běijīng rén ba?
장 군, 자네는 북경사람이지?

· 您 美国 人 吧?
Nín Měiguó rén ba?
당신은 미국인이죠?

우리 속담 한 마디

천 리 길도 한 걸음부터.

千 里 之 行，始 于 足 下。
Qiān lǐ zhī xíng, shǐ yú zú xià.
万 丈 高 楼 从 地 起。
Wàn zhàng gāo lóu cóng dì qǐ.

작문연습

1 주어진 단어로 문장 만들기

(1) 오늘은 10월 5일 일요일이다.

十月 / 星期天 / 五号 / 今天

➡ ______________________________。

(2) 사과 한 근에 5위안 3마오이다.

五块三 / 苹果 / 一斤

➡ ______________________________。

(3) 나는 올해 스물한 살이다.

二十一 / 我 / 岁 / 今年

➡ ______________________________。

(4) 그는 일본 사람이 아니라 중국 사람이다.

中国人 / 不 / 他 / 日本人 / 是 / 他

➡ ______________________________。

(5) 당신은 어디 사람입니까?

的 / 您 / 人 / 哪儿 / 是

➡ ______________________________?

(6) 이 스웨터는 얼마예요?

毛衣 / 多少 / 件 / 钱 / 这

➡ ______________________________?

2 문장 확장 연습

(1) 귤 세 근에 모두 5위안 4마오이다.

① 5위안 4마오이다.

➡ ____。

② 모두 5위안 4마오이다.

➡ ____。

③ 세 근에 모두 5위안 4마오이다.

➡ ____。

④ 귤 세 근에 모두 5위안 4마오이다.

➡ ____。

(2) 오늘 벌써 9월 20일이 되었다.

① 9월 20일

➡ ____。

② 9월 20일이 되었다.

➡ ____。

③ 벌써 9월 20일이 되었다.

➡ ____。

④ 오늘 벌써 9월 20일이 되었다.

➡ ____。

HINT

一共 yígòng
전부, 모두

斤 jīn 근

橘子 júzi 귤

了 le '상황의 변화'를 나타낸다.

已经 yǐjīng
이미, 벌써

연습문제

◆ 다음 문장을 중국어로 작문하시오.

1. 오늘은 무슨 요일입니까?

____?

2. 오늘은 금요일입니다.

____。

3. 오늘은 8월 8일이지요?

____?

4. 오늘은 8일이 아니라 9일이다.

____。

5. 올해는 2021년이다.

____。

6. 그녀는 북경 사람이 아니라 남경 사람이다.

____。

7. 저 사람은 광동 사람이 아니다.

____。

8. 열다섯 명이 한 반입니다.

____。

9. 이 옷은 30위안입니다.

____。

10. 한 근에 2위안입니다.

____。

HINT

几 jǐ 몇, 얼마

南京 Nánjīng 남경

广东 Guǎngdōng 광동

班 bān 반, 학급

05 의문문 (1)

중국어의 의문문에는 여러 가지 형식이 있다. 여기서는 먼저 '吗'를 사용하는 일반 의문문과 의문사를 사용하는 의문문에 대해서 알아보자.

1 일반 의문문

일반 의문문은 상대방에게 단지 '그렇다' 또는 '그렇지 않다'라는 답을 요구하는 의문문이므로 문장 끝에 '吗'를 붙이면 된다. 그래서 긍정일 때는 '是', 부정일 때는 '不是'로 간단하게 대답할 수 있다.

서술문		의문문
他 是 学生。 Tā shì xuésheng. 그는 학생입니다.		他 是 学生 吗? Tā shì xuésheng ma? 그는 학생입니까?

각 술어문 뒤에 의문을 나타내는 어기 조사 '吗'를 붙이면 모두 의문문이 된다.

❶ 동사 술어문 + 吗

- 这 是 汉语 词典 吗?
  Zhè shì Hànyǔ cídiǎn ma?
  이거 중국어 사전이니?
- 你 去 看 电影 吗?
  Nǐ qù kàn diànyǐng ma?
  너 영화 보러 가니?

❷ 형용사 술어문 + 吗

- 首尔 的 夏天 热 吗?
  Shǒu'ěr de xiàtiān rè ma?
  서울의 여름은 덥나요?
- 北京 饭店 远 吗?
  Běijīng fàndiàn yuǎn ma?
  북경 호텔은 먼가요?

❸ 주술 술어문 + 吗

- 你 身体 好 吗?
  Nǐ shēntǐ hǎo ma?
  너 몸은 괜찮니?

· 张 老师 身体 健康 吗?
Zhāng lǎoshī shēntǐ jiànkāng ma?

장 선생님은 건강하세요?

❹ 명사 술어문 + 吗

· 今天 星期六 吗?
Jīntiān xīngqīliù ma?

오늘 토요일이에요?

· 你 (是) 上海 人 吗?
Nǐ (shì) Shànghǎi rén ma?

당신 상해 사람이에요?

2 의문사를 사용하는 의문문

다음과 같은 의문사를 사용해서 만드는 의문문에서는 주어 · 목적어 · 서술어 · 관형어 · 부사어 및 보어 등을 모두 물을 수 있다.

의문대상	의문 대명사	뜻
사람	谁 shéi	누구
사물	什么 shénme	무슨·무엇, 어떤
	哪 nǎ	어느(것)
시간	什么时候 shénme shíhou	언제
장소	哪儿 nǎr	어디
	哪里 nǎli	어느 곳
수량	多少 duōshao	얼마
	几 jǐ	몇
성질·상태	怎么样 zěnmeyàng	어떻게
방식·방법	怎么 zěnme	어떻게
이유·원인	为什么 wèishénme	왜, 무엇 때문에
	怎么 zěnme	왜, 어째서

의문 대명사를 사용하는 의문문

❶ 사람을 물을 때

- 谁 是 我们 的 汉语 老师? 누가 우리의 중국어 선생님입니까?
  Shéi shì wǒmen de Hànyǔ lǎoshī?
- 那个 人 是 谁? 저 사람은 누구예요?
  Nàge rén shì shéi?

❷ 사물을 물을 때

- 这 是 什么? 이건 뭐니?
  Zhè shì shénme?
- 今天 中午 你 想 吃 什么? 오늘 점심 때 너 뭐 먹고 싶니?
  Jīntiān zhōngwǔ nǐ xiǎng chī shénme?
- 你 喜欢 哪 一 种? 너는 어떤 걸 좋아하니?
  Nǐ xǐhuan nǎ yì zhǒng?

❸ 시간을 물을 때

- 现在 几 点? 지금 몇 시니?
  Xiànzài jǐ diǎn?
- 你 什么 时候 去 中国? 너는 언제 중국에 가니?
  Nǐ shénme shíhou qù Zhōngguó?

❹ 장소를 물을 때

- 昨天 你 去 哪儿 了? 너 어제 어디 갔었니?
  Zuótiān nǐ qù nǎr le?
- 你 是 从 哪儿 来 的? 당신은 어디에서 왔습니까?
  Nǐ shì cóng nǎr lái de?
- 你 住 在 什么 地方? 너는 어디 사니?
  Nǐ zhù zài shénme dìfang?

❺ 수량을 물을 때

- 你 家 有 几 口 人? (당신) 집에 식구가 몇 명 있어요?
  Nǐ jiā yǒu jǐ kǒu rén?
- 这 本 中文 书 多少 钱? 이 중국어 책은 얼마예요?
  Zhè běn Zhōngwén shū duōshao qián?

6 성질이나 상태를 물을 때

- 汉语 老师 的 发音 怎么样? 중국어 선생님의 발음은 어떠니?
  Hànyǔ lǎoshī de fāyīn zěnmeyàng?
- 你们 昨天 看 的 那个 电影 怎么样? 너희들이 어제 본 그 영화는 어땠니?
  Nǐmen zuótiān kàn de nàge diànyǐng zěnmeyàng?

7 방식이나 방법을 물을 때

- 这个 汉字 怎么 念? 이 한자는 어떻게 읽어요?
  Zhège Hànzì zěnme niàn?
- 这 种 大衣 怎么 洗? 이런 코트는 어떻게 세탁해요?
  Zhè zhǒng dàyī zěnme xǐ?

8 원인이나 이유를 물을 때

- 你 朋友 昨天 为什么 没 来? 네 친구는 어제 왜(무엇 때문에) 안 왔니?
  Nǐ péngyou zuótiān wèishénme méi lái?
- 你 怎么 没 告诉 他? 넌 어째서 그 사람한테 얘기하지 않았니?
  Nǐ zěnme méi gàosu tā?

의문 부사를 사용하는 의문문

1. 의문 부사 '多 duō'는 '多 + 형용사'의 형태로 '얼마나 ~하는가?'라는 뜻을 나타내며 '정도'나 '분량' 등을 물을 때 쓴다.

多 얼마나 얼마만큼 +			→	
	大 dà	(체적)크다 (수량)많다	多大?	얼마나 큰가? 얼마나 나이를 먹었나?
	长 cháng	길다	多长?	얼마나 긴가?
	高 gāo	높다	多高?	얼마나 높은가?
	远 yuǎn	멀다	多远?	얼마나 먼가?
	快 kuài	빠르다	多快?	얼마나 빠른가?
	厚 hòu	두껍다	多厚?	얼마나 두꺼운가?
	宽 kuān	넓다	多宽?	얼마나 넓은가?
	深 shēn	깊다	多深?	얼마나 깊은가?

· 你 爷爷 多 大 年纪? 너의 할아버지는 연세가 어떻게 되시니?
Nǐ yéye duō dà niánjì?

· 这 条 路 多 长? 이 길은 얼마나 긴가요?
Zhè tiáo lù duō cháng?

· 那 棵 树 多 高? 저 나무는 높이가 얼마나 되나요?
Nà kē shù duō gāo?

· 这 条 河 多 宽? 이 강은 폭이 얼마나 되나요?
Zhè tiáo hé duō kuān?

❷ 때로는 의문부사 '多' 앞에 동사 '有'가 올 수도 있다. 이때 '有'는 얼마나 되냐는 뜻으로 '계량'이나 '정도'를 나타낸다.

· 你们 学校 的 操场 有 多 大? 너희 학교의 운동장은 얼마나 넓으니?
Nǐmen xuéxiào de cāochǎng yǒu duō dà?

· 这个 东西 有 多 重? 이 물건은 무게가 얼마나 돼요?
Zhège dōngxi yǒu duō zhòng?

Tip
条 : 줄기, 마디, 항목, 가지 (긴 형태의 것을 세는데 쓰이는 양사)
棵 : 포기, 그루 (식물을 세는 양사)

3 의문 대명사의 응용

확실히 정해진 바가 없는 부정(不定)의 의미를 나타내기도 한다.

· 真是 太 无聊 了, 我们 找 点儿 什么 事 做 吧。
Zhēnshi tài wúliáo le, wǒmen zhǎo diǎnr shénme shì zuò ba.
정말 너무 심심하니, 우리 무슨 일이라도 좀 찾아서 합시다.

· 谁 也 不 知道 结果 会 怎样。 결과가 어떻게 될지는 아무도 모른다.
Shéi yě bù zhīdào jiéguǒ huì zěnyàng.

반어적인 어감이나 의미를 나타내기도 한다.

· 那 件 事 跟 我 有 什么 关系 呀? 그 일이 나하고 무슨 상관이 있다는 거야?
Nà jiàn shì gēn wǒ yǒu shénme guānxi ya?

· 谁 知道 他们 今天 来 呀? 그 사람들이 오늘 올지 누가 알겠어?
Shéi zhīdào tāmen jīntiān lái ya?

'그 누구라도', '그 어떤 것이라도', '어떻게 하든지' 등과 같이 임의적 의미를 나타내기도 한다.

· 谁 也 没 想到 他 是 这 种 人。 그가 그런 사람인 줄 아무도 생각하지 못했다.
Shéi yě méi xiǎngdào tā shì zhè zhǒng rén.

· 怎么 说，你 都 有 理。 뭐라고 말을 해도, 넌 모두 이유를 다는구나.
Zěnme shuō, nǐ dōu yǒu lǐ.

하나의 문장 안에서 두 개의 의문 대명사가 호응되어 사용될 때는 다음과 같이 해석할 수 있다.

의문 대명사	앞에 올 때	뒤에 올 때
谁	누구, 누가	그 사람
什么	무엇	그것
什么时候	언제, 어느 때	그 때
多少	얼마만큼	그 만큼
怎么	어떻게	그렇게
怎样	어떻게	그렇게

· 明天 游览 香山，谁 想 去 谁 报名。
Míngtiān yóulǎn Xiāngshān, shéi xiǎng qù shéi bàomíng.
내일 향산에 유람을 가는데, 누군가 가고 싶으면 그 사람은 등록을 하시오.
➡ 내일 향산에 가고 싶은 사람은 등록하시오.

· 我 要 什么，爸爸 就 给 什么。
Wǒ yào shénme, bàba jiù gěi shénme.
내가 무엇인가를 원하면, 아빠는 곧 그것을 주신다.
➡ 내가 원하는 것을 아빠는 다 주신다.

· 你 要 多少，我 就 给 你 多少。
Nǐ yào duōshao, wǒ jiù gěi nǐ duōshao.
네가 얼마를 원하면, 나는 곧 그 만큼을 네게 주겠다.
➡ 네가 원하는 만큼 다 주겠다.

· 你 希望 别人 怎样 对待 你，你 也 要 怎样 对待 别人。
Nǐ xīwàng biérén zěnyàng duìdài nǐ, nǐ yě yào zěnyàng duìdài biérén.
네가 다른 사람이 어떻게 너를 대해 주길 바란다면, 너도 역시 다른 사람을 그렇게 대해 주어야 한다.
➡ 다른 사람이 너를 대해 주기를 바라는 만큼 남을 대해 주어야 한다.

작문연습

1 주어진 단어로 문장 만들기

(1) 너의 집은 서울에 있니?

在 / 吗 / 你 / 家 / 首尔 / 的

➡ ______________________________?

(2) 이런 일을 너는 할 수 있겠니?

你 / 这 / 能 / 事 / 办成 bànchéng / 种 / 吗

➡ ______________________________?

(3) 이 집에는 몇 명이 사니?

几 / 这 / 房子 fángzi / 个 / 住 zhù / 人 / 个

➡ ______________________________?

(4) 너는 언제 중국에 왔니?

什么 / 中国 / 你 / 时候 / 的 / 来 / 到 / 是

➡ ______________________________?

(5) 네가 하고 싶은 대로 해라.

怎么 / 你 / 想 / 做 / 怎么 / 就 / 做

➡ ______________________________。

(6) 이 한자의 뜻을 아는 사람은 아무나 손을 들어라.

这 / 谁 / 举手 jǔshǒu / 个 / 谁 / 意思 yìsi / 汉字 / 知道 / 的

➡ ______________________________。

2 문장 확장 연습

(1) 너는 오늘 왜 운동하러 가지 않니?

① 운동하러 가다.

➡ ______________________________。

② 운동하러 가지 않다.

➡ ______________________________。

③ 왜 운동하러 가지 않니?

➡ ______________________________?

④ 너는 오늘 왜 운동하러 가지 않니?

➡ ______________________________?

(2) 너는 어째서 그 일을 나에게 말하지 않았니?

① 나에게 말하다.

➡ ______________________________。

② 나에게 그 일을 말하다.

➡ ______________________________。

③ 나에게 그 일을 말하지 않았다.

➡ ______________________________。

④ 너는 어째서 나에게 그 일을 말하지 않았니?

➡ ______________________________?

HINT

锻炼 duànliàn
운동하다

告诉 gàosu
~에게 말하다

事情 shìqing
일, 사정

연습문제

◆ 다음 문장을 중국어로 작문하시오.

1. 여기가 어디인가요?

______________________________?

2. 당신은 어째서 안 갑니까?

______________________________?

3. 어제 너 어디 갔었니?

______________________________?

4. 왕 군은 어느 반의 학생입니까?

______________________________?

5. 그녀는 어느 나라 사람이지요?

______________________________?

6. 너희 학교에는 학생이 얼마나 있니?

______________________________?

7. 당신은 올해 나이가 어떻게 되세요?

______________________________?

8. 이 강은 폭이 얼마나 되나요?

______________________________?

9. 이 요리는 어떻게 먹지요?

______________________________?

10. 너는 내일 어디로 옷을 사러 가니?

______________________________?

HINT

小王 Xiǎowáng 왕 군

河 hé 강

菜 cài 요리, 음식

06 의문문 (2)

중국어에서는 술어의 긍정형과 부정형을 병렬함으로써 의문문을 만들 수 있는데, 이런 의문문을 **정반 의문문**이라 한다. 이외에도 'A 还是 B'의 형식으로 이루어지는 **선택식 의문문** 등 여러 가지 형식의 의문문이 있다.

1 정반 의문문

술어를 긍정형과 부정형으로 병렬하여 상대방에게 어느 한 가지를 골라 대답하게 하는 의문문이다. 이런 정반 의문문은 의문을 나타내는 어기 조사 '吗'를 사용하는 일반 의문문과 뜻이 같다. 정반 의문문에서는 문장 끝에 '吗'를 쓰지 않는다.

- 你 是 不 是 韩国 留学生? 너 한국 유학생이니?
  Nǐ shì bu shì Hánguó liúxuéshēng?
- 你 有 没 有 照相机? 너 카메라 있니?
  Nǐ yǒu méi yǒu zhàoxiàngjī?
- 你 忙 不 忙? (당신은) 바쁘십니까?
  Nǐ máng bu máng?
- 这 本 书 难 不 难? 이 책 어렵니?
  Zhè běn shū nán bu nán?

만약 동사가 목적어를 갖게 되면 목적어는 동사의 긍정형과 부정형의 중간에 들어갈 수 있다.

- 你 有 没 有 词典? 너 사전 있니?
  Nǐ yǒu méi yǒu cídiǎn?
- 你 有 词典 没 有? 너 사전 있니?
  Nǐ yǒu cídiǎn méi yǒu?
- 你 认识 她 不 认识? 너 그 여자 아니?
  Nǐ rènshi tā bu rènshi?

2 선택식 의문문

'A 还是 B (A 아니면 B)' 형태로 둘 중에 하나를 선택해서 대답하게 하는 방식이다.

· 这个 句子 (是) 对 还是 不 对? 이 문장이 맞니 (아니면) 안 맞니?
Zhège jùzi (shì) duì háishi bú duì?

· 你 现在 要 到 图书馆 去 还是 要 回 宿舍 去?
Nǐ xiànzài yào dào túshūguǎn qù háishi yào huí sùshè qù?
너는 지금 도서관에 갈 거니 아니면 기숙사에 돌아갈 거니?

· 你 要 回 家 还是 要 去 市场? 너는 집에 갈 거니 아니면 시장에 갈 거니?
Nǐ yào huí jiā háishi yào qù shìchǎng?

동사 '是'가 사용된 문장에서도 'A 还是 B'를 사용하여 선택식 의문문을 만들 수 있다.

· 这 是 你 的, 还是 你 朋友 的? 이거 네 것이니 아니면 네 친구 것이니?
Zhè shì nǐ de, háishi nǐ péngyou de?

· 今天 是 星期三, 还是 星期四? 오늘이 수요일인가요, (아니면)목요일인가요?
Jīntiān shì xīngqīsān, háishi xīngqīsì?

回 : (원래 돌아갈 곳으로) 돌아가다
去 : 가다(방향을 나타냄)

3 '是不是'를 사용한 의문문

어떤 사실을 확인하고 싶을 때는 '是不是'를 써서 의문문을 만들 수 있다. 이때 '是不是'는 문장 맨 끝에 올 수도 있고, 주어와 술어 사이에 올 수도 있다.

· 你们 去过 北京, 是 不 是? <문장 끝에 올 때>
Nǐmen qùguo Běijīng, shì bu shì?
너희들 북경에 가봤지, 맞니? (그래? 안그래?)

· 是 不 是 你 来 找过 我? <주어 앞에 올 때>
Shì bu shì nǐ lái zhǎoguo wǒ?
너 날 찾으러 왔었니?

· 我们 是 不 是 坐 飞机 去? <주어와 술어 사이에 올 때>
Wǒmen shì bu shì zuò fēijī qù?
우리 비행기 타고 갑니까?

세가지 모두 가능!

4 추측 의문문

어떤 사실이나 상황에 대해 조금은 알고 있지만 확실하지 않을 때, 문장 끝에 어기 조사 '**吧**'를 붙여 추측이나 확인 등을 나타낸다.

- 金 老师 在 家 吧?
  Jīn lǎoshī zài jiā ba?
  김 선생님 집에 계시지요?
- 那 位 是 王 先生 吧?
  Nà wèi shì Wáng xiānsheng ba?
  저 분이 왕 선생이시지요?
- 你 昨天 下午 进 城 了 吧?
  Nǐ zuótiān xiàwǔ jìn chéng le ba?
  어제 오후에 시내에 갔었죠?

Tip
位 : 분, 어른 (사람을 세는 양사)

5 생략 의문문

문장 끝에 어기 조사 '**呢**'를 붙임으로써 의문문을 만들 수 있는데, 뜻은 문맥을 보면 알 수 있다.

- 我 很 忙, 你 呢?
  Wǒ hěn máng, nǐ ne?
  나는 바빠, 너는?
  = 你 忙 不 忙?
  Nǐ máng bu máng?
  너는 바쁘니?
- 今天 你 没 有 空, 明天 呢?
  Jīntiān nǐ méi yǒu kòng, míngtiān ne?
  너 오늘 시간이 없으면, 내일은?
  = 你 明天 有 空 吗?
  Nǐ míngtiān yǒu kòng ma?
  너 내일은 시간 있니?
- 他 的 书包 呢?
  Tā de shūbāo ne?
  그의 책가방은?
  = 他 的 书包 在 哪儿?
  Tā de shūbāo zài nǎr?
  그의 책가방은 어디에 있니?
- 我 要 吃 面包, 你 呢?
  Wǒ yào chī miànbāo, nǐ ne?
  나는 빵 먹을래, 너는?
  = 你 要 吃 什么?
  Nǐ yào chī shénme?
  너는 무얼 먹을래?
- 要是 他 不 同意 呢?
  Yàoshi tā bù tóngyì ne?
  만약 그가 동의하지 않으면?
  = 要是 他 不 同意 的 话 怎么 办?
  Yàoshi tā bù tóngyì de huà zěnme bàn?
  만약 그가 동의하지 않으면 어떻게 하지?

작문연습

1 주어진 단어로 문장 만들기

(1) 너는 중국 유학생이니?

中国 / 是 / 你 / 不 / 留学生 / 是

➡ ______________________________?

(2) 너는 중한사전 있니?

汉韩 / 你 / 有 / 词典 cídiǎn / 有 / 没

➡ ______________________________?

(3) 이것은 너의 책이니 아니면 그의 책이니?

你 / 书 / 是 / 的 / 还是 / 这 / 书 / 的 / 他

➡ ______________________________?

(4) 그 책 아주 좋아, 그렇지?

很 / 本 / 是 / 那 / 好 / 书 / 是 / 不

➡ ______________________________?

(5) 장 선생님이 너희들에게 중국어를 가르치시지?

你们 / 张老师 / 教 jiāo / 吧 / 汉语

➡ ______________________________?

(6) 네 중국어 교과서는 (어디에 있니)?

呢 / 你 / 汉语 / 的 / 课本 kèběn

➡ ______________________________?

2 문장 확장 연습

(1) 너희들은 영화 보기를 원하니 원하지 않니?

① 영화를 보다.

➡ ______________________________。

② 영화 보기를 원하다.

➡ ______________________________。

③ 영화 보기를 원하지 않다.

➡ ______________________________。

④ 너희들은 영화 보기를 원하니 원하지 않니?

➡ ______________________________?

(2) 우리가 여기서 담배를 피울 수 있나요?

① 여기서 담배를 피우다.

➡ ______________________________。

② 여기서 담배를 피울 수 있다.

➡ ______________________________。

③ 여기서 담배를 피울 수 없다.

➡ ______________________________。

④ 우리가 여기서 담배를 피울 수 있나요?

➡ ______________________________?

HINT

看 kàn 보다

电影 diànyǐng 영화

愿意 yuànyì
원하다, 바라다

这儿 zhèr 여기

抽烟 chōuyān
담배를 피우다

可以 kěyǐ
~할 수 있다

Tip
在 + 처소사 : ~에서
(장소를 나타냄)

연습문제

◆ 다음 문장을 중국어로 작문하시오.

1. 너는 녹음기가 있니?

______________________________?

2. 이 컴퓨터는 비쌉니까?

______________________________?

3. 너 어제 인민일보 있니?

______________________________?

4. 이 문장이 맞았나요, 아니면 틀렸나요?

______________________________?

5. 너희는 오늘 가니, 아니면 내일 가니?

______________________________?

6. 당신은 잡지를 빌립니까, 만화를 빌립니까?

______________________________?

7. 저 책은 참 좋아, 그렇지 않니?

______________________________?

8. 나는 영화 보러 갈 거야, 너는?

______________________________?

9. 네가 파니, 아니면 그가 파니?

______________________________?

10. 너의 형은 식당에서 밥을 먹니, 아니면 집에서 먹니?

______________________________?

HINT

录音机 lùyīnjī 녹음기

电脑 diànnǎo 컴퓨터

人民日报 Rénmín rìbào 인민일보

句子 jùzi 문장

Tip
还是 : 또는, 아니면
(의문문에 쓰여 선택을 나타내는 접속사)

杂志 zázhì 잡지

漫画 mànhuà 만화

食堂 shítáng 식당

是字文

중국어에서 동사 '是'는 특수동사로 구분되는데, 동사 '是'가 술어의 주요 성분이 되는 문장을 '**是字文**'이라고 한다. 이런 문장은 일반적으로 판단이나 긍정을 표시한다. 기본 문형은 다음과 같다.

긍정문	我是韩国人。	주어 + 是 + 목적어
	那是我的。	주어 + 是 + ~的
부정문	他不是中国人。	주어 + 不 + 是 + 목적어
	这不是他的。	주어 + 不 + 是 + ~的
의문문	你是韩国人吗?	주어 + 是 + 목적어 + 吗?
	你们是不是日本人?	주어 + 是不是 + 목적어?
	这是不是你买的?	주어 + 是不是 + ~的?

1 是字文의 긍정문

'A(주어) + 是 + B(명사)' 형태로 'A는 B이다'라는 뜻을 나타낸다.

- 这 是 书。 Zhè shì shū. — 이것은 책이다.
- 他 是 老师。 Tā shì lǎoshī. — 그는 선생님입니다.
- 我 是 韩国 人。 Wǒ shì Hánguó rén. — 나는 한국인이다.

'A(주어) + 是 + B的' 형태로 'A는 B의 것이다' 또는 'A는 B한 것이다'라는 뜻을 나타낸다. 'B' 부분에는 명사·인칭 대명사·형용사 등 여러 성분이 올 수 있다.

- 那 本 词典 是 老师 的。 Nà běn cídiǎn shì lǎoshī de. — 저 사전은 선생님의 것이다.
- 那个 书包 是 我 的。 Nàge shūbāo shì wǒ de. — 저 책가방은 내 것이다.

· 这 本 杂志 是 新 的。 이 잡지는 새것이다.
Zhè běn zázhì shì xīn de.
※ 的는 '~의'란 뜻도 있지만, '~것'이란 뜻도 있다. 여기서는 '~것'으로 쓰인 경우다.

2 是字文의 부정문

부정을 나타내는 부정 부사 '不'를 '是' 앞에 넣는다.

· 他 不 是 医生。 그는 의사가 아니다.
Tā bú shì yīshēng.

· 这 不 是 学生 宿舍。 이것은 학생 기숙사가 아니다.
Zhè bú shì xuésheng sùshè.

· 那 不 是 我 妈妈 的。 그것은 엄마의 것이 아니다.
Nà bú shì wǒ māma de.

· 那 本 画报 不 是 旧 的。 저 화보는 오래된 것이 아니다.
Nà běn huàbào bú shì jiù de.

3 是字文의 의문문

첫째, 앞에서 익힌 대로 문장 끝에 의문 어기 조사 '吗'를 쓰는 방법이다.

· 你 爸爸 是 医生 吗? 너의 아빠는 의사니?
Nǐ bàba shì yīshēng ma?

· 你 是 中国 人 吗? 당신은 중국인입니까?
Nǐ shì Zhōngguó rén ma?

둘째, 동사 '是'의 긍정형과 부정형을 병렬하는 '정반 의문문'이 있다.

· 他们 是 不 是 中国 人? 그들은 중국인입니까?
Tāmen shì bu shì Zhōngguó rén?

· 那 件 衣服 是 不 是 他 的? 저 옷은 그의 것이니?
Nà jiàn yīfu shì bu shì tā de?

작문연습

1 주어진 단어로 문장 만들기

(1) 북경은 중화인민공화국의 수도이다.

是 / 中华人民共和国 Zhōnghuá Rénmín Gònghéguó / 首都 shǒudū / 的 / 北京

➡ ____。

(2) 내 친구의 누나는 대학생이 아니다.

姐姐 / 是 / 大学生 / 的 / 朋友 / 不 / 我

➡ ____。

(3) 그들이 모두 중국인은 아니다.

都 / 他们 / 不 / 中国人 / 是

➡ ____。

(4) 이 만년필은 나의 것이다.

支 : 자루 (가늘고 긴 물건을 세는 양사)

的 / 这 / 钢笔 gāngbǐ / 我 / 支 / 是

➡ ____。

(5) 그 화보는 우리 선생님의 것이 아니다.

画报 huàbào / 的 / 我们 / 那 / 不 / 本 / 是 / 老师

➡ ____。

(6) 저 차는 그의 것이니 아니니?

辆 : 대, 량 (차를 세는 양사)

辆 liàng / 他 / 那 / 汽车 qìchē / 是 / 不是 / 的

➡ ____?

2 문장 확장 연습

(1) 나는 그가 어느 나라 사람인지 아직 모른다.

① 나는 모른다.

➡ ____。

② 나는 아직 모른다.

➡ ____。

③ 그는 어느 나라 사람인가요?

➡ ____?

④ 나는 그가 어느 나라 사람인지 아직 모른다.

➡ ____。

HINT

知道 zhīdào 알다
还 hái 아직
哪国人 nǎ guó rén 어느 나라 사람

(2) 한자는 중국어를 기록하고 전달하는 문자이다.

① 기록하고 전달하다.

➡ ____。

② 기록하고 전달하는 문자.

➡ ____。

③ 한자는 기록하고 전달하는 문자이다.

➡ ____。

④ 한자는 중국어를 기록하고 전달하는 문자이다.

➡ ____。

记录 jìlù 기록하다
和 hé 그리고
传达 chuándá 전달하다
文字 wénzì 문자

연습문제

◆ 다음 문장을 중국어로 작문하시오.

1. 내 친구는 일본 사람이다.

______________________________。

2. 그녀는 간호사이고, 그녀의 남편은 의사이다.

______________________________。

3. 이것들은 모두 내 것만은 아니다.

______________________________。

4. 이것들은 모두 내 것이 아니다.

______________________________。

5. 이 구두는 아버지의 것이 아니라 형의 것이다.

______________________________。

6. 그들은 유학생이 아니라 중국어 선생님이다.

______________________________。

7. 우리 아버지는 변호사이고 어머니도 또한 변호사이다.

______________________________。

8. 네 친구들은 모두 미국인이니?

______________________________?

9. 이것들은 뭐니?

______________________________?

10. 이 책들은 모두 너의 것 아니니?

______________________________?

HINT

护士 hùshi 간호사

爱人 àiren 남편 (또는 부인)

医生 yīshēng 의사

不都是 bù dōu shì 모두 ~인 것은 아니다

都不是 dōu bú shì 모두 ~이 아니다

皮鞋 píxié 구두

Tip
双 : 켤레 (신발 등을 세는 양사)

留学生 liúxuéshēng 유학생

律师 lǜshī 변호사

这些 zhèxiē 이것들

有字文

동사 '有'를 술어로 하는 문장을 '**有字文**'이라고 한다. 술어로 사용된 '有'는 기본적으로 '있다'는 뜻이 있으므로 주로 '소유'나 '존재', '포함'을 나타내지만, '추측'을 나타내는 용법도 있다. '**有字文**'의 기본 문형을 살펴보자.

긍정문	我有一本中文书。	주어 + 有 + 목적어
부정문	我没有中国朋友。	주어 + 没有 + 목적어
의문문	你有钱吗?	주어 + 有 + 목적어 + 吗?
	他有没有姐姐?	주어 + 有 + 没有 + 목적어?

1 有字文의 긍정문

동사 '有'가 '소유'를 나타낼 때는 '~이 있다' 또는 '~을 가지고 있다'라는 뜻을 나타낸다.

- 我 有 十 本 中文 书。 나는 열 권의 중국어 책이 있다.
  Wǒ yǒu shí běn Zhōngwén shū.
- 哥哥 有 一 辆 自行车。 형은 자전거가 한 대 있다.
  Gēge yǒu yí liàng zìxíngchē.

❶ 동사 '有'는 다음과 같이 몇 가지 정도 부사의 수식을 받을 수 있다.

相当	xiāngdāng 상당히	+	有	+	추상명사 또는 추상적 성격의 명사	→	상당히 ~ 함이 있다
非常	fēicháng 매우, 아주						아주 ~ 함이 있다
特别	tèbié 특별히						특별히 ~함이 있다

❷ 이때 동사 '有'가 취하는 목적어는 '추상 명사'이거나 '비교적 추상성을 띤 명사'여야 한다. 이렇게 동사 '有'가 이미 정도부사의 수식을 받았으면 목적어를 수식하는 다른 기타 성분을 넣을 수 없다.

- 小李 非常 有 耐心。 이 군은 인내심이 매우 강하다.
  Xiǎolǐ fēicháng yǒu nàixīn.
- 王 先生 很 有 事业心。 왕 선생은 사업 야심이 아주 강하다.
  Wáng xiānsheng hěn yǒu shìyèxīn.

동사 '有'는 어떤 일정한 범위 내에 '포함'되거나 '함유'되는 내용을 나타낸다.

- 一 年 有 十二 个 月。 일 년에는 열두 달이 있다.
  Yì nián yǒu shí'èr ge yuè.
- 一 天 有 二十四 个 小时。 하루에는 스물네 시간이 있다.
  Yì tiān yǒu èrshísì ge xiǎoshí.

동사 '有'는 '존재'의 여부를 나타낸다. 이 때 동사 '有'의 목적어는 불특정한 사람이나 사물이다.

- 桌子 上 有 一 本 书。 책상 위에 책 한 권이 있다.
  Zhuōzi shang yǒu yì běn shū.
- 学校 前边 有 一 个 食堂。 학교 앞에는 식당 하나가 있다.
  Xuéxiào qiánbian yǒu yí ge shítáng.

> **Tip**
> 上 : '명사 + 上'의 형태로 '~의 위에' '~표면에'로 쓰이면 경성으로 읽음.

동사 '有'는 '계량'이나 '비교'를 나타낸다.

- 这个 苹果 有 半 斤 重。 이 사과의 무게는 반 근이다.
  Zhège píngguǒ yǒu bàn jīn zhòng .
- 湖水 有 三 四 米 深。 호수의 깊이는 3~4m이다.
  Húshuǐ yǒu sān sì mǐ shēn.

동사 '有'는 어떤 사건이나 사실의 '발생' 또는 '출현'을 나타낸다.

- 中国 农村 有 了 很 大 的 变化。 중국의 농촌에 큰 변화가 일어났다.
  Zhōngguó nóngcūn yǒu le hěn dà de biànhuà.
- 那 件 事情 已经 有 线索 了。 그 사건은 이미 실마리가 잡혔다.
  Nà jiàn shìqing yǐjīng yǒu xiànsuǒ le.

2 有字文의 부정문

'有'의 부정은 '不'가 아니라 '没'로 나타낸다.

· 我 家 没 有 录像机。
Wǒ jiā méi yǒu lùxiàngjī.
우리 집에는 비디오가 없다.

· 我 没 有 人民币。
Wǒ méi yǒu Rénmínbì.
나는 인민폐가 없다.

· 我 妈妈 还 没 有 护照。
Wǒ māma hái méi yǒu hùzhào.
우리 엄마는 아직 여권이 없다.

3 有字文의 의문문

'有字文'의 의문문도 문장 끝에 의문 어기 조사 '吗'를 붙이는 방법이 있다.

· 你 有 兄弟 姐妹 吗?
Nǐ yǒu xiōngdì jiěmèi ma?
너는 형제자매가 있니?

술어로 쓰인 동사 '有'의 긍정형과 부정형을 병렬하는 '정반 의문문'의 방식이 있다.

· 今天 你 有 没 有 空儿?
Jīntiān nǐ yǒu méi yǒu kòngr?
오늘 너 시간 있니?

· 你 朋友 有 没 有 照相机?
Nǐ péngyou yǒu méi yǒu zhàoxiàngjī?
네 친구는 카메라 있니?

우리 속담 한 마디

호랑이도 제 말하면 온다.

说 曹 操, 曹 操 就 到。
Shuō Cáo cāo, Cáo cāo jiù dào.

작문연습

1 주어진 단어로 문장 만들기

(1) 우리 반에는 40명의 학생이 있다.

四十 / 我们 / 有 / 班 / 个 / 学生

➡ ____。

(2) 우리 학교 뒤에는 병원이 하나 있다.

有 / 个 / 我们 / 一 / 的 / 后面 hòumiàn / 医院 yīyuàn / 学校

➡ ____。

(3) 일년에는 열두 달이 있고, 52주가 있다.

有 / 十二 / 一年 / 个 / 星期 xīngqī / 五十二 / 月 / 个

➡ ____。

(4) 이 수박은 무게가 다섯 근이 좀 넘는다.

有 / 这 / 斤 / 个 / 五 / 重 zhòng / 西瓜 xīguā / 多

➡ ____。

(5) 학교 근처에는 우체국이 없다.

邮局 yóujú / 没 / 学校 / 有 / 附近 fùjìn

➡ ____。

(6) 저 강은 강폭이 1킬로미터이다.

一公里 yì gōnglǐ / 河 / 那 / 有 / 条 / 宽

➡ ____。

2 문장 확장 연습

(1) 시합에 참가하는 사람은 중국인도 있고, 한국인도 있으며, 또 일본인도 있다.

① 시합에 참가하는 사람.

➡ ______________________________。

② 시합에 참가하는 사람에는 중국인이 있다.

➡ ______________________________。

③ 시합에 참가하는 사람은 중국인도 있고, 또 한국인도 있다.

➡ ______________________________。

④ 시합에 참가하는 사람은 중국인도 있고, 한국인도 있으며, 또 일본인도 있다.

➡ ______________________________。

(2) 내가 보기에 그는 대략 육십여 세 정도이다.

① 육십여 세이다.

➡ ______________________________。

② 대략 육십여 세이다

➡ ______________________________。

③ 그는 대략 육십여 세이다.

➡ ______________________________。

④ 내가 보기에 그는 대략 육십여 세이다.

➡ ______________________________。

HINT

参加 cānjiā 참가하다

比赛 bǐsài 시합

还 hái 또, 게다가

岁 suì ~세, 살

大约 dàyuē 대략, 대개

我看 wǒkàn 내가 보기에

연습문제

◆ 다음 문장을 중국어로 작문하시오.

1. 나는 중국어 책이 한 권 있다.

____。

2. 저기에 무엇이 있습니까?

____?

3. 책꽂이 위에는 많은 책이 있는데, 어떤 것은 중국어 책이고 어떤 것은 한국어 책이다.

____。

4. 방 안에 사람이 있다.

____。

5. 방 안에 침대 하나가 있다.

____。

6. 나는 지금 한 푼도 없다.

____。

7. 우리 엄마는 붉은 색 스웨터가 없다.

____。

8. 우리 집에는 자동차가 없고, 단지 자전거만 있다.

____。

9. 너는 컴퓨터가 있니?

____?

10. 책상 위에 뭐가 있니?

____?

HINT

书架 shūjià
책꽂이

有的 yǒude
어떤 것

Tip
里 : 안, 속, 내부(명사 뒤에 붙어 장소, 시간, 범위 등을 나타냄)

屋子 wūzi 방

一分钱 yì fēn qián
한 푼의 돈

都 dōu ~도, ~조차

毛衣 máoyī 스웨터

只 zhǐ 단지, 오직

09 연동문 (连动文)

동작이 행해지는 순서에 따라 두 개 이상의 동사 또는 동사구가 연이어 술어가 되는 문장을 **'연동문'**이라고 한다. '연동문'에 쓰이는 두 개의 동사는 동일한 주어를 갖게 되며, '주어 + 동사A + 동사B'의 형태로 사용된다. '연동문'의 일반적인 세 가지 유형과 동사 '有'를 사용하는 '연동문'에 대해 알아보자.

문형	의미	
주어 + 동사A + 동사B	제1형 :	A하고 B하다. (동작의 선후)
	제2형 :	A하면서 B하다. (수단, 방법) A하고 B하다.
	제3형 :	B를 하기 위해 A하다. (목적) B를 하러 A하다.

1 연동문의 세 가지 유형

연이어 일어나는 동작을 차례로 나열한다.

- 你 过来 看 吧！
Nǐ guòlái kàn ba!
너 (이리)와서 봐라!
- 你 站 起来 回答 这个 问题。
Nǐ zhàn qǐlái huídá zhège wèntí.
너 일어나서 이 문제에 대답해라.
- 他 回头 看了 我 一 眼。
Tā huítóu kànle wǒ yì yǎn.
그는 고개를 돌려 나를 한 번 쳐다보았다.

동작의 방식이나 수단을 나타낸다.

- 他 坐 火车 去 上海。
Tā zuò huǒchē qù Shànghǎi.
그는 기차를 타고 상해에 간다.
- 我们 在 躺着 休息。
Wǒmen zài tǎngzhe xiūxi.
우리는 누워서 쉬고 있는 중이다.
- 我们 用 汉语 聊天。
Wǒmen yòng Hànyǔ liáotiān.
우리는 중국어로 이야기를 나눈다.

💬 어떤 동작의 목적을 나타낸다.

· 我 去 商店 买 东西。 나는 물건을 사러 상점에 간다.
Wǒ qù shāngdiàn mǎi dōngxi.

· 我 要 去 法国 参加 国际 会议。 나는 세미나에 참석하러 프랑스에 갈 거다.
Wǒ yào qù Fǎguó cānjiā guójì huìyì.

· 明天 他 要 去 上海 旅游。 그는 내일 여행을 하러 상해에 간다.
Míngtiān tā yào qù Shànghǎi lǚyóu.

2 동사 '有'를 사용하는 연동문

💬 일반 동사로 이루어지는 '연동문'은 보통 동작이 행해지는 순서에 따라 해석이 되지만, '有'를 사용하는 '연동문'은 대부분 뒤에서부터 해석을 한다.

	형식	
1형	주어 + 有 + 목적어 + 동사B	(긍정)
	주어 + 没有 + 목적어 + 동사B	(부정)
2형	주어 + 有 + 목적어 + 동사B + 목적어	(긍정)
	주어 + 没有 + 목적어 + 동사B + 목적어	(부정)

❶ 뒤에 오는 동사B가 목적어를 취하지 않을 때

'有'의 목적어는 의미상으로 볼 때 뒤에 오는 동사B의 동작 또는 행위의 대상이 된다.

· 他们 都 有 房子 住。 그들은 모두 살 집이 있다.
Tāmen dōu yǒu fángzi zhù.

· 你 最近 有 钱 花 吗? 너 요즘 쓸 돈 있니?
Nǐ zuìjìn yǒu qián huā ma?

❷ 뒤에 오는 동사B가 목적어를 취할 때

'有(没有)'의 목적어는 의미상으로 뒤에 오는 동사구의 보충 설명의 대상이 된다.

· 以前 中国 有 一 个 思想家 叫 孔子。 예전에 중국에 공자라는 사상가가 있었다.
Yǐqián Zhōngguó yǒu yí ge sīxiǎngjiā jiào Kǒngzǐ.

· 我 有 几 个 问题 要 问 你。
Wǒ yǒu jǐ ge wèntí yào wèn nǐ.
난 너에게 물어볼 몇 가지 문제가 있다.

❸ '有 + 목적어'로 이루어지는 동사구는 뒤에 오는 동사B가 나타내는 동작이나 행위의 '원인'이 되기도 한다.

· 他 有 病 不 能 来。
Tā yǒu bìng bù néng lái.
그는 병이 나서 못 온다.

· 我 爸爸 有 事情 到 北京 去 了。
Wǒ bàba yǒu shìqing dào Běijīng qù le.
우리 아버지는 일이 있어서 북경에 가셨다.

3 연동문의 부정문

'연동문'의 부정형은 선행되는 일반동사 앞에 부정 부사 '不'를 붙인다.

· 我们 不 去 看 电影。
Wǒmen bú qù kàn diànyǐng.
우리는 영화를 보러 가지 않는다.

· 他们 今天 不 去 听 音乐会。
Tāmen jīntiān bú qù tīng yīnyuèhuì.
그들은 오늘 음악회에 가지 않는다.

동사 '有'가 들어간 '연동문'의 부정형은 동사 앞에 부정 부사 '没'를 붙인다.

· 以前 他 家 没 有 饭 吃，没 有 衣服 穿。
Yǐqián tā jiā méi yǒu fàn chī, méi yǒu yīfu chuān.
예전에 그의 집에는 먹을 밥도 입을 옷도 없었다.

작문연습

1 주어진 단어로 문장 만들기

(1) 어제 나는 축구 시합을 보러 갔다.

我 / 昨天 / 足球赛 zúqiú sài / 去 / 看 / 了

➡ ______________________________。

(2) 너는 영화를 보러 가니, 아니면 경극을 보러 가니?

还是 / 京剧 jīngjù / 看 / 你 / 去 / 电影 diànyǐng / 看 / 去

➡ ______________________________?

(3) 오늘 오후에 나는 잡지를 사러 간다.

杂志 / 我 / 买 / 今天 / 去 / 下午

➡ ______________________________。

(4) 우리는 모두 대학에 들어갈 기회가 있다.

我们 / 机会 jīhuì / 都 / 上 / 有 / 大学

➡ ______________________________。

(5) 나는 동의하지 않을 아무런 이유가 없다.

没有 / 同意 tóngyì / 我 / 理由 lǐyóu / 不 / 什么

➡ ______________________________。

(6) 우리는 그들을 도울 책임이 있다.

责任 zérèn / 帮助 bāngzhù / 我们 / 有 / 他们

➡ ______________________________。

2 문장 확장 연습

(1) 겨울 방학 때 내가 꼭 너를 보러 돌아올게.

① 꼭 돌아올게.

➡ ______________________________。

② 겨울 방학 때 꼭 돌아올게.

➡ ______________________________。

③ 겨울 방학 때 내가 꼭 돌아올게.

➡ ______________________________。

④ 겨울 방학 때 내가 꼭 너를 보러 돌아올게.

➡ ______________________________。

HINT

一定 yídìng
분명히, 꼭

回来 huílái
돌아오다

寒假 hánjià
겨울 방학

(2) 나는 지금 볼 소설이 없어서 한 권을 빌리러 가려고 한다.

① 나는 소설이 없다.

➡ ______________________________。

② 나는 지금 볼 소설이 없다.

➡ ______________________________。

③ 나는 한 권을 빌리러 가려고 한다.

➡ ______________________________。

④ 나는 지금 볼 소설이 없어서 한 권을 빌리러 가려고 한다.

➡ ______________________________。

小说 xiǎoshuō 소설
借 jiè 빌리다

연습문제

◆ 다음 문장을 중국어로 작문하시오.

1. 나는 매일 녹음을 들으러 학교에 간다.

______________________________。

2. 우리 아버지는 매일 자전거를 타고 출근하신다.

______________________________。

3. 친구들이 모두 도우러 온다.

______________________________。

4. 나는 돈을 찾으러 은행에 간다.

______________________________。

5. 그는 카메라를 사러 백화점에 간다.

______________________________。

6. 나는 차표 살 돈이 없다.

______________________________。

7. 너 요즘에 읽을 만한 소설 있니?

______________________________?

8. 여기에는 성이 장(张)인 사람이 없다.

______________________________。

9. 나는 반대할 수 있는 아무런 이유가 없다.

______________________________。

10. 나는 매일 중국 친구와 중국어로 이야기한다.

跟 : ~와 함께

______________________________。

HINT

录音 lùyīn 녹음

骑 qí 타다

帮忙 bāngmáng 돕다

取钱 qǔqián 돈을 찾다

百货公司 bǎihuògōngsī 백화점

车票 chēpiào 차표

最近 zuìjìn 요즘

姓 xìng 성이 ~이다

理由 lǐyóu 이유

聊天 liáotiān 이야기하다

用 yòng ~을 사용하여, ~으로

10 겸어문 (兼语文)

하나의 문장에서 첫 번째 동사의 목적어가 다시 뒤에 오는 동사의 주어가 되기도 하는 문장을 **'겸어문(兼语文)'**이라 한다. '겸어문'의 기본구조는 다음과 같다. 아래의 예문에서 '他'는 첫 번째 동사인 '请'의 목적어가 되는 동시에 뒤에 오는 동사 '来'의 주어를 겸하고 있다. 이런 겸어문은 'A가 B에게 ~하게 하다'는 뜻의 사역문의 성격을 띠고 있다.

我 请 他 明天 来。

나는 그에게 내일 오라고 요청한다. (他가 겸어가 된다.)

겸어문에 자주 쓰이는 동사는 다음과 같다

让	ràng	~에게 ~하게 하다	叫	jiào	~에게 ~하도록 시키다
要	yào	~에게 ~하도록 요구하다	使	shǐ	~에게 ~하도록 하다
派	pài	~을(를) 보내 ~하게 하다	劝	quàn	~가 ~하도록 권하다
求	qiú	~에게 ~하도록 부탁하다(간청하다)	选	xuǎn	~을(를) 선출하여 ~하게 하다

1 겸어문의 긍정문

겸어문은 보통 '요청'이나 '사역'을 나타낸다.

- 他们 请 我 去。 그들은 나더러 가 달라고 한다.
  Tāmen qǐng wǒ qù.
- 王 老师 叫 我 告诉 你 这 件 事。 왕 선생님이 나더러 네게 이 일을 알려주라고 하셨다.
  Wáng lǎoshī jiào wǒ gàosu nǐ zhè jiàn shì.
- 我 来晚 了，让 你 久 等 了。 늦게 와서 오래 기다리게 했구나.
  Wǒ láiwǎn le, ràng nǐ jiǔ děng le.

조동사는 일반적으로 첫 번째 동사 앞에 놓인다.

- 你 可以 请 他们 来。 너는 그 사람들을 오게 해도 된다.
  Nǐ kěyǐ qǐng tāmen lái.
- 我 想 请 你们 吃饭。 내가 너희들에게 밥을 사주고 싶어.
  Wǒ xiǎng qǐng nǐmen chīfàn.

동사 '是'나 '有'가 첫 번째 동사의 위치에 놓이는 겸어문이 있다.

· 宋 老师，楼 下 有 人 找 您。 송 선생님, 아래층에서 어떤 사람이 당신을 찾고 있어요.
Sòng lǎoshī, lóu xià yǒu rén zhǎo nín.

· 是 我 送来 了 这 封 信。 내가 이 편지를 보냈어.
Shì wǒ sònglái le zhè fēng xìn.

2 겸어문의 부정문

부정 부사 '不' 또는 '没(有)'는 일반적으로 앞에 오는 첫 번째 동사 앞에 놓는다.

· 爸爸 不 让 我们 参加 今天 的 晚会。
Bàba bú ràng wǒmen cānjiā jīntiān de wǎnhuì.
아빠는 우리들이 오늘 저녁 모임에 참가하지 못하게 했다.

· 他 昨天 有 事，我 没 有 叫 他 去。
Tā zuótiān yǒu shì, wǒ méi yǒu jiào tā qù.
그는 어제 일이 있어서, 나는 그를 보내지 않았다.

겸어의 술어를 부정할 때는 부정 부사는 겸어의 술어 앞에 놓일 수 있다.

· 那个 消息 使 他 很 不 高兴。 그 소식은 그를 불쾌하게 했다.
Nàge xiāoxi shǐ tā hěn bù gāoxìng.

'저지'나 '금지'의 의미를 나타내는 '别'나 '不要'는 겸어의 술어가 되는 동사 앞에 놓을 수 있다.

· 请 你 不 要 进去。 (당신) 들어가지 마세요.
Qǐng nǐ bú yào jìnqù.

· 你 怎么 叫 我 别 看 呢? 너는 어째서 나더러 보지 말라는 거야?
Nǐ zěnme jiào wǒ bié kàn ne?

우리 속담 한 마디

소문난 잔치에 먹을 것 없다.

雷 声 大，雨 点 小。
Léi shēng dà, yǔ diǎn xiǎo.

작문연습

1 주어진 단어로 문장 만들기

(1) 그는 나에게 담배를 조금 줄이라고 충고한다.

劝 quàn / 我 / 他 / 抽烟 chōuyān / 少 shǎo

➡ ____。

(2) 장 선생님은 우리들을 돌아가게 했다.

叫 / 张老师 / 我们 / 回去

➡ ____。

(3) 우리는 그를 반장으로 선출했다.

选 / 我们 / 班长 / 他 / 当 dāng

➡ ____。

(4) 이 일은 나를 아주 감동시켰다.

感动 gǎndòng / 这 / 使 / 件 / 我 / 事 / 很

➡ ____。

(5) 선생님은 우리가 중국어 공부하는 것을 격려해 주신다.

老师 / 我们 / 鼓励 gǔlì / 汉语 / 学习

➡ ____。

(6) 우리 기숙사에 병이 난 친구가 한 명 있다.

宿舍 / 同学 / 我们 / 有 / 病 bìng / 一 / 了 / 个

➡ ____。

2 문장 확장 연습

(1) 우리는 선생님께 우리와 함께 서울 대공원으로 놀러 가자고 청한다.

① 우리는 서울 대공원으로 놀러 간다.

➡ ____。

② 우리와 함께 서울 대공원으로 놀러 간다.

➡ ____。

③ 선생님은 우리와 함께 서울 대공원으로 놀러 간다.

➡ ____。

④ 우리는 선생님께 우리와 함께 서울 대공원으로 놀러 가자고 청한다.

➡ ____。

HINT

首尔大公园 Shǒu'ěr Dàgōngyuán 서울 대공원

玩儿 wánr 놀다

跟~ 一起 gēn~ yìqǐ ~와 함께

(2) 네가 왕 군에게 즉시 와서 전화 받으라고 해라.

① 전화를 받다.

➡ ____。

② 전화를 받으러 오다.

➡ ____。

③ 왕 군이 즉시 전화를 받으러 오다.

➡ ____。

④ 네가 왕 군에게 즉시 와서 전화 받으라고 해라.

➡ ____。

接电话 jiē diànhuà 전화를 받다

立刻 lìkè 즉시

연습문제

◆ 다음 문장을 중국어로 작문하시오.

1. 왕 선생님은 우리에게 제 3과의 본문을 외우라고 하셨다.

____。

2. 엄마는 형에게 두부를 사오게 했다.

____。

3. 그녀의 아버지는 그녀가 영화를 보러 가지 못하게 한다.

____。

4. 선생님은 학생들에게 매일 일기를 쓰게 하셨다.

____。

5. 사장은 직원들에게 이번 주 일요일에 특근을 하게 했다.

____。

6. 선생님은 그를 보내 분필을 가져오게 했다.

____。

7. 아버지는 내게 담배를 피우지 못하게 하셨다.

____。

8. 제가 잘 생각 좀 해 보게 해 주세요!

____!

9. 당신께 폐를 끼쳐드려서 정말 미안합니다.

____。

10. 우리가 그를 오라고 한 것이 아니라 그가 스스로 온 것이다.

____。

HINT

背 bèi 외우다

豆腐 dòufu 두부

日记 rìjì 일기

董事长 dǒngshìzhǎng 사장

加班 jiābān 특근을 하다

粉笔 fěnbǐ 분필

麻烦 máfan 번거롭게하다

是~的 shì~de ~는 ~한 것이다

11 존현문 (存现文)

사람이나 사물의 존재나 출현, 또는 소실 등을 나타내는 문장을 '**존현문(存现文)**'이라 한다. '존현문'은 다음과 같이 구성된다.

구분	형식
존재의 표시	장소 + 동사 + 동태조사 (着/了) + { 존재하는 사람 / 존재하는 사물 }
출현·소실을 표시	{ 장소 / 시간 } + 출현·소실을 나타내는 동사 + { 사람 / 사물 }

1 존재의 표현

동사 '有'는 '장소 + 동사 + 존재하는 사람·사물'의 형식으로 사람이나 사물의 존재를 표현한다. 존현문에서는 동사 뒤에 동태 조사(动态助词) '着 zhe'나 '了 le'를 수반할 수 있다.

- 桌子 上 有 一 张 世界 地图。 Zhuōzi shang yǒu yì zhāng shìjiè dìtú. — 책상 위에 세계지도 한 장이 있다.
- 墙 上 挂着 一 张 世界 地图。 Qiáng shang guàzhe yì zhāng shìjiè dìtú. — 벽 위에 세계지도 한 장이 걸려져 있다.
- 大树 下 坐着 几 位 老人。 Dàshù xià zuòzhe jǐ wèi lǎorén. — 큰 나무 밑에 노인 몇 분이 앉아 계신다.
- 桌子 上 放满 了 书 和 杂志。 Zhuōzi shang fàngmǎn le shū hé zázhì. — 책상 위에는 책과 잡지가 가득 놓여 있다.

> **Tip**
> 张 : 종이, 가죽, 책상 등과 같이 평면이 있는 물건을 세는 양사

2 출현 또는 소실의 표현

출현 또는 소실을 나타내는 경우에 문장 앞에는 보통 장소를 나타내는 단어나 시간을 나타내는 단어가 온다. 그리고 일반 명사 뒤에는 위치를 나타내는 '上'·'下'·'里' 등을 덧붙여 '地球上'·'桌子下'·'院子里' 등과 같이 쓴다.

· 村子 里 发生 了 一 件 大事。 마을에 큰 사건이 벌어졌다.
Cūnzi li fāshēng le yí jiàn dàshì.

· 我们 宿舍 里 来 了 一 个 新 同学。 우리 기숙사에 새로운 친구가 왔다.
Wǒmen sùshè li lái le yí ge xīn tóngxué.

· 大路 上 走 过来 两 个 人。 큰 길에서 두 사람이 걸어오고 있다.
Dàlù shang zǒu guòlai liǎng ge rén.

· 楼 下 来 了 一 位 客人。 아래층에 손님이 한 분 오셨다.
Lóu xià lái le yí wèi kèrén.

· 刚才 开 过去 一 辆 汽车。 방금 자동차 한 대가 지나갔다.
Gāngcái kāi guòqu yí liàng qìchē.

우리 속담 한 마디

아니 땐 굴뚝에 연기 나랴.

无 风 不 起 浪。
Wú fēng bù qǐ làng.
风 有 源，树 有 根。
Fēng yǒu yuán, shù yǒu gēn.

작문연습

1 주어진 단어로 문장 만들기

(1) 큰 나무 아래에 몇 분의 노인이 앉아 계신다.

坐 / 几 / 着 / 老人 / 大树 dàshù / 位 wèi / 下

➡ ______________________________。

(2) 어제 큰 사건이 발생했다.

一 / 昨天 / 件 / 了 / 大事 / 发生

➡ ______________________________。

(3) 하늘에 몇 마리 새가 날고 있다.

只 : 마리 (동물을 세는 양사)

几 / 飞 / 鸟 niǎo / 只 zhī / 着 / 天 / 上

➡ ______________________________。

(4) 사무실에 몇 개의 책상들이 놓여 있다.

摆 bǎi / 办公室 bàngōngshì / 着 / 里 / 张 / 桌子 / 几

➡ ______________________________。

(5) 어제 새로운 선생님이 한 분 오셨다.

昨天 / 了 / 新 / 位 / 来 / 老师 / 一

➡ ______________________________。

(6) 벽 위에 포스터 한 장이 붙어 있다.

一 / 贴 tiē / 张 / 海报 hǎibào / 着 / 墙上

➡ ______________________________。

2 문장 확장 연습

(1) 책꽂이에는 20여 권의 중국어 책이 꽂혀 있다.

① 중국어 책 20권.

➡ ______________________________。

② 중국어 책 20여 권.

➡ ______________________________。

③ 20여 권의 중국어 책이 꽂혀 있다.

➡ ______________________________。

④ 책꽂이에는 20여 권의 중국어 책이 꽂혀 있다.

➡ ______________________________。

(2) 완구를 파는 진열대 앞에 어린아이 몇 명이 서 있다.

① 완구를 팔다.

➡ ______________________________。

② 어린아이 몇 명이 서 있다.

➡ ______________________________。

③ 진열대 앞에 어린아이 몇 명이 서 있다.

➡ ______________________________。

④ 완구를 파는 진열대 앞에 어린아이 몇 명이 서 있다.

➡ ______________________________。

HINT

摆 bǎi 놓다, 두다

Tip
多 : ~여, ~남짓(수사 10단위 이상 정수 뒤에 붙어서)
수사 + 多 + 양사

玩具 wánjù 완구, 장난감

站 zhàn 서다

小孩儿 xiǎoháir 어린아이

柜台 guìtái 진열대

연습문제

◆ 다음 문장을 중국어로 작문하시오.

1. 책상 위에 책 한 권이 놓여 있다.

____。

2. 우리 기숙사에서 한 사람이 이사 나갔다.

____。

3. 강당에는 영화를 보는 사람으로 가득 찼다.

____。

4. 저쪽에서 아이 하나가 달려 왔다.

____。

5. 호숫가에 노인 두 분이 앉아 계신다.

____。

6. 광장에서 차 몇 대가 떠나갔다.

____。

7. 창문 앞에 팻말 하나가 걸려 있다.

____。

8. 아래층에 손님이 한 분 오셨다.

____。

9. 벽 위에 새 한 마리가 그려져 있다.

____。

10. 그의 집안에서 한 사람이 죽었다.

____。

HINT

坐满 zuòmǎn 가득차다

开走 kāizǒu 차가 떠나다

牌子 páizi 팻말

楼下 lóu xià 아래층

鸟儿 niǎor 새

死 sǐ 죽다

12 把字文

중국어의 기본문에서는 목적어가 동사 뒤에 오지만, '把字文'은 목적어를 전치사 '把'의 바로 뒤에 놓고 동사 뒤에는 그 동작에 의한 처리 결과가 나타나게 하는 것을 말한다. 이런 문장의 형식을 '**처치식 문장**'이라고도 한다.

일반문장	我看了这本小说。	주어 + 동사 + 목적어
把字文	我把这本小说看完了。	주어 + 把 + 목적어 + 동사 + 기타 성분

일반적으로 동사가 술어인 문장은 주어가 단지 '무엇을 했는지'를 나타내지만, '把字文'은 전치사 '把'와 함께 동사 앞으로 가져온 목적어를 '어떻게 처리(처치)하였는가' 하는 행동의 결과까지 나타낸다.

1 '把字文'의 특징

'把字文'의 목적어는 막연한 어떤 것이 아니라 '특정한 것' 또는 말하는 사람이나 듣는 사람이나 이미 '알고 있는 것'이어야 한다.

· 我 把 一 杯 咖啡 喝 了。 (×)
Wǒ bǎ yì bēi kāfēi hē le.
나는 커피 한 잔을 마셨다.

· 我 把 那 杯 咖啡 喝 了。 (○)
Wǒ bǎ nà bēi kāfēi hē le.
내가 그 커피를 마셨다.

· 哥哥 把 一 封 信 写 了。 (×)
Gēge bǎ yì fēng xìn xiě le.
형은 편지 한 통을 썼다.

· 哥哥 把 那 封 信 写完 了。 (○)
Gēge bǎ nà fēng xìn xiěwán le.
형이 그 편지를 다 썼다.

Tip
封 : 통, 장 (편지 등의 봉한 것을 세는 양사)

'把字文'에서는 동사가 단독으로 쓰이지 않고, 동사 뒤에 항상 처치의 결과나 영향과 관계된 목적어·부사어·보어, 그리고 동태 조사 '了'나 '着', 동사의 중첩형 등과 같이 쓰이는 특징이 있다. 그러나 앞으로 일어날 가능성의 여부를 나타내는 '가능 보어'나 과거의 경험을 나타내는 동태 조사 '过'는 올 수 없다.

· 我 把 药 吃 了。 (동태 조사了)
Wǒ bǎ yào chī le.
나는 약을 먹었다.

· 我 把 这 本 小说 看完 了。 (결과 보어 + 동태 조사了)
Wǒ bǎ zhè běn xiǎoshuō kànwán le.
나는 이 소설을 다 읽었다.

· 她 把 这 篇 文章 背 得 很 熟 了。 (정도 보어)
Tā bǎ zhè piān wénzhāng bèi de hěn shú le.
그녀는 이 글을 완벽하게 외웠다.

Tip
篇 : 편 (문학작품의 단위를 표시하는 양사)

· 我 把 那个 消息 告诉 妈妈 了。 (목적어 + 동태 조사了)
Wǒ bǎ nàge xiāoxi gàosu māma le.
나는 그 소식을 엄마에게 전해줬다.

· 咱们 把 这些 问题 讨论 讨论 吧。 (동사의 중첩형)
Zánmen bǎ zhèxiē wèntí tǎolùn tǎolùn ba.
우리 이 문제들을 좀 토론해 봅시다.

Tip
我们은 상대를 포함하지 않은 '우리', **咱们**은 상대를 포함한 '우리'.

동사 뒤에 결과 보어로 '**到**'·'**在**'·'**给**'·'**成**' 등과 같은 말이 올 때는 '**把字文**'을 사용한다.

到 ~에 도달하다

· 哥哥 把 电脑 拿到 楼 上 去 了。 형이 컴퓨터를 위층으로 가져갔다.
Gēge bǎ diànnǎo nádào lóu shang qù le.

在 ~에 위치하다

· 你 别 把 衣服 放在 那儿。 너 옷을 저기에 놓지 마라.
Nǐ bié bǎ yīfu fàngzài nàr.

给 사물 또는 사람이 동작의 처리를 통해 어떤 대상으로 넘겨짐을 나타낸다.

· 请 把 这 封 信 交给 我 爸爸。 이 편지를 우리 아빠에게 전해 줘.
Qǐng bǎ zhè fēng xìn jiāogěi wǒ bàba.

成 사물이 동작의 처리를 통해 어떤 다른 모습으로 이루어짐을 나타낸다.

· 请 把 下列 句子 翻译 成 中文。 다음 주어진 문장을 중국어로 번역하시오.
Qǐng bǎ xiàliè jùzi fānyì chéng Zhōngwén.

부정을 나타내는 부사, 시간을 나타내는 부사 및 조동사는 반드시 전치사 '把' 앞에 놓는다.

· 我 不 想 把 这 件 事 告诉 爸爸。 (부정 부사)
Wǒ bù xiǎng bǎ zhè jiàn shì gàosu bàba.
나는 이 일을 아버지에게 말하고 싶지 않다.

· 我们 也 没 把 汉语 词典 带来。 (부정 부사)
Wǒmen yě méi bǎ Hànyǔ cídiǎn dàilái.
우리도 역시 중국어 사전을 가져오지 않았다.

· 我 昨天 把 那 本 书 还给 图书馆 了。 (시간사)
Wǒ zuótiān bǎ nà běn shū huángěi túshūguǎn le.
나는 어제 그 책을 도서관에 반납했다.

· 他 能 把 这 篇 文章 翻译 成 英文。 (조동사)
Tā néng bǎ zhè piān wénzhāng fānyì chéng Yīngwén.
그는 이 글을 영어로 번역할 수 있다.

2 把字文에서 쓸 수 없는 동사

다음에 오는 동사들은 '把字文'에서 쓸 수 없는 동사들이다.

소유나 존재를 나타내는 말	有	~을 가지고 있다	在	~에 있다
목적어를 가질 수 없는 말 (자동사)	旅行	여행하다	合作	합작하다
심리적 활동이나 감각기관을 나타내는 말	知道 觉得 要求 听见	알다 느끼다 요구하다 듣다(들리다)	同意 希望 看见	동의하다 희망하다 보(이)다
방향을 나타내는 말	上 进 回 过	올라가다 들어가다 돌아가다 지나가다	下 出 到 起	내려가다 나가다 도착하다 일어나다
판단을 나타내는 말	是	~이다	像	~와 비슷하다

우리 속담 한 마디

가는 말이 고와야 오는 말이 곱다.

你 不 说 他 头 秃, 他 不 说 你 眼 瞎。
Nǐ bù shuō tā tóu tū, tā bù shuō nǐ yǎn xiā.

작문연습

1 주어진 단어로 문장 만들기

(1) 나는 이 소설을 두 번 읽었다.

我 / 看 / 把 / 小说 / 了 / 这 / 两遍 / 本

➡ ____。

(2) 동생이 내 책을 더럽게 만들었다.

弟弟 / 我 / 书 / 了 / 把 / 的 / 弄脏 nòngzāng

➡ ____。

(3) 우리 이 문제를 연구 좀 해 봅시다.

研究 / 咱们 / 把 / 研究 / 这 / 个 / 问题

➡ ____。

(4) 너 책장의 책 좀 정리해라.

把 / 的 / 整理 zhěnglǐ / 书架上 / 一下 / 书 / 你

➡ ____。

(5) 너 어떻게 내 말을 잊어버렸니?

你 / 我 / 了 / 把 / 怎么 / 的 / 忘 wàng / 话

➡ ____?

(6) 너는 어째서 이 소식을 그에게 알려 주지 않니?

为什么 / 这 / 他 / 把 / 你 / 消息 / 不 / 告诉

➡ ____?

2 문장 확장 연습

(1) 하나님은 절대로 우리가 할 수 없는 일을 우리에게 주시지 않는다.

① 하나님은 우리에게 일을 주신다.

➡ ______________________________。

② 하나님은 우리가 할 수 없는 일을 우리에게 주신다.

➡ ______________________________。

③ 하나님은 우리가 할 수 없는 일을 우리에게 주시지 않는다.

➡ ______________________________。

④ 하나님은 절대로 우리가 할 수 없는 일을 우리에게 주시지 않는다.

➡ ______________________________。

HINT

老天爷 lǎotiānyé 하나님
事情 shìqing 일, 사정
交给 jiāogěi ~에게 주다
做到 zuòdào 해내다
绝 jué 절대로

(2) 너는 김 선생님이 네게 빌려준 그 중국어 잡지 다 읽었니?

① 너는 잡지 다 읽었니?

➡ ______________________________?

② 너는 그 잡지 다 읽었니?

➡ ______________________________?

③ 너는 네게 빌려준 그 중국어 잡지 다 읽었니?

➡ ______________________________?

④ 너는 김 선생님이 네게 빌려준 그 중국어 잡지 다 읽었니?

➡ ______________________________?

看完 kànwán 다 보다
借给 jiègěi ~에게 빌려주다

연습문제

◆ 다음 문장을 중국어로 작문하시오.

1. 그는 창문을 닫았다.

______________________________。

2. 문을 좀 열어 줘.

______________________________。

3. 우리는 숙제를 다했다.

______________________________。

4. 어머니는 저녁식사를 다 준비했다.

______________________________。

5. 어떤 사람이 내가 보고 싶어하는 책을 빌려갔다.

______________________________。

6. 우리는 달러를 인민폐로 환전했다.

______________________________。

7. 나는 차표를 그녀에게 건네주었다.

______________________________。

8. 우리는 이 책을 중국어로 번역했다.

______________________________。

9. 너는 이 카메라를 내게 빌려 줄 수 있니?

______________________________?

10. 그는 차를 병원 문 앞으로 운전해 갔다.

______________________________。

HINT

关上 guānshang 닫다

开 kāi 열다

作业 zuòyè 숙제

晚饭 wǎnfàn 저녁밥

美元 Měiyuán 달러

人民币 Rénmínbì 인민폐

13 피동문 (被动文)

중국어의 피동문에는 두 가지가 있다. 문장에서 피동임을 알 수 있는 특별한 표시 없이 의미상으로만 피동을 나타내는 '의미상의 피동문'과 피동을 나타내는 전치사 '被 bèi'·'让 ràng'·'叫 jiào'·'给 gěi' 등이 들어간 피동문이 있는데, 이런 문장을 '**被字文**'이라고도 한다.

피동문	의미상의 피동문	(피동문의 표시가 없음)
	被字文	(피동문의 표시가 있음)

1 의미상의 피동문

주어 자리에는 보통 동작의 주체가 오지만, '동작의 주체'가 아닌 '동작의 대상'이 올 때가 있는데, 이런 문장을 '의미상의 피동문'이라고 한다. 술어로 쓰인 동사는 보어나 조동사, 또는 동태 조사 '了'나 '过' 등이 따라온다.

- 信 已经 写好 了。 편지가 이미 다 쓰여졌다.
  Xìn yǐjīng xiěhǎo le.
- 晚饭 已经 做好 了。 저녁밥이 이미 다 됐다.
  Wǎnfàn yǐjīng zuòhǎo le.
- 玻璃 杯子 打破 了。 유리컵이 깨졌다.
  Bōli bēizi dǎpò le.
- 电影票 卖完 了。 영화표가 다 팔렸다.
  Diànyǐngpiào màiwán le.

2 被字文

'被字文'에서 주어는 이미 확정된 것이거나 말하는 사람이나 듣는 사람이 이미 알고 있는 것이 오는데, 이때 주어는 동사의 지배를 받는 의미상의 목적어가 되어 '~는 ~에 의해 ~되다'로 해석할 수 있다.

· 我 的 钱包 被 小偷儿 偷去 了。 내 지갑은 소매치기한테 도둑 맞았다.
Wǒ de qiánbāo bèi xiǎotōur tōuqù le.

· 小李 被 大家 选为 班长 了。 이 군은 모두에 의해 반장으로 선출되었다.
Xiǎolǐ bèi dàjiā xuǎnwéi bānzhǎng le.

❶ 술어로 쓰인 동사는 동태 조사 '了'를 수반하여 동작의 결과를 나타낸다.

· 窗户 被 我 弟弟 打破 了。 창문이 내 동생에 의해 깨졌다.
Chuānghu bèi wǒ dìdi dǎpò le.

· 我 的 自行车 被 弟弟 骑走 了。 내 자전거를 동생이 타고 가버렸다.
Wǒ de zìxíngchē bèi dìdi qízǒu le.

· 我 妹妹 被 爸爸 骂 了 一 顿。 내 여동생은 아빠한테 한바탕 꾸지람을 들었다.
Wǒ mèimei bèi bàba mà le yí dùn.

❷ 동작의 주체를 구체적으로 말할 필요가 없을 때는 일반적 지칭인 '人'으로 대신할 수 있다.

· 你 说 的 那 本 小说 刚刚 被 人 借走 了。
Nǐ shuō de nà běn xiǎoshuō gānggāng bèi rén jièzǒu le.
네가 말한 그 소설은 방금 다른 사람이 빌려 갔다.

· 王 老师 被 人 请 去 作 报告 了。
Wáng lǎoshī bèi rén qǐng qù zuò bàogào le.
왕 선생님은 보고를 하기 위해 요청되어 갔다.

❸ 동작의 주체를 굳이 설명할 필요가 없을 때는 피동을 나타내는 전치사 '被'와 동사를 직접 연결한다. 그러나 '让'·'叫'·'给'는 뒤에 오는 목적어를 생략할 수 없다.

· 忽然，门 被 撞开 了。 갑자기 문이 부딪쳐서 열렸다.
Hūrán, mén bèi zhuàngkāi le.

· 衣服 让 树枝 挂破 了。 옷이 나뭇가지에 걸려서 찢어졌다.
Yīfu ràng shùzhī guàpò le.

· 老师 说 的 话 叫 小王 听见 了。 선생님의 말을 왕 군이 엿들었다.
Lǎoshī shuō de huà jiào Xiǎowáng tīngjiàn le.

· 门 给 风 吹开 了。 문이 바람에 의해 열렸다.
Mén gěi fēng chuīkāi le.

❹ 부정을 나타내는 부정 부사 '不'와 '没'는 '被' 앞에 놓는다.

- 我 的 钱包 没 被 小偷儿 偷去。 내 지갑은 소매치기한테 도둑 맞지 않았다.
  Wǒ de qiánbǎo méi bèi xiǎotōur tōuqù.
- 那 本 书 还 没 有 被 借走。 그 책은 아직 대출되지 않았다.
  Nà běn shū hái méi yǒu bèi jièzǒu.
- 我们 没 有 被 老师 打过。 우리는 선생님한테 맞아본 적이 없다.
  Wǒmen méi yǒu bèi lǎoshī dǎguo.

❺ '也'(~도)나 '都'(모두)와 같은 부사도 '被' 앞에 놓는다.

- 这个 孩子 也 被 那 只 狗 咬 了。 이 아이 역시 그 개한테 물렸다.
  Zhège háizi yě bèi nà zhī gǒu yǎo le.

작문연습

1 주어진 단어로 문장 만들기

(1) 우리는 왕 선생님께 꾸지람을 들었다.

王老师 / 被 / 批评 pīpíng / 我们 / 了

➡ ____。

(2) 모든 고난이 극복되었다.

都 / 的 / 克服 kèfú / 所有 suǒyǒu / 被 / 困难 kùnnan / 了

➡ ____。

(3) 우리 회사의 신청은 이미 허가되었다.

公司 / 了 / 批准 pīzhǔn / 我们 / 已经 / 的 / 申请 shēnqǐng / 被

➡ ____。

(4) 그는 모두에게 설득 당했다.

被 / 说服 shuōfú / 他 / 大家 / 了

➡ ____。

(5) 옷이 비에 젖었다.

被 / 衣服 / 淋湿 línshī / 雨 yǔ / 了

➡ ____。

(6) 그 아이는 김 선생에게 구조되었다.

孩子 / 金先生 / 那 / 被 / 了 / 个 / 救活 jiùhuó

➡ ____。

2 문장 확장 연습

(1) 네가 말하는 그 소설은 이미 다른 사람에 의해 중국어로 번역됐다.

① 중국어로 번역하다.

➡ ____。

② 다른 사람에 의해 중국어로 번역됐다.

➡ ____。

③ 그 소설은 이미 다른 사람에 의해 중국어로 번역됐다.

➡ ____。

④ 네가 말하는 그 소설은 이미 다른 사람에 의해 중국어로 번역됐다.

➡ ____。

HINT

小说 xiǎoshuō 소설

已经 yǐjīng 이미, 벌써

(2) 책상 위의 몇 장의 서류가 아이에 의해 엉망진창이 되었다.

① 엉망진창으로 만들다.

➡ ____。

② 아이에 의해 엉망진창이 되다.

➡ ____。

③ 몇 장의 서류가 아이에 의해 엉망진창이 되었다.

➡ ____。

④ 책상 위의 몇 장의 서류가 아이에 의해 엉망진창이 되었다.

➡ ____。

弄 nòng ~한 결과를 낳다, ~하게 하다

得 de 구조 조사

乱七八糟 luànqībāzāo 엉망진창이다

资料 zīliào 자료, 서류

연습문제

HINT

A. 의미상의 피동문

1. 편지가 다 쓰였다.

____。

信 xìn 편지

2. 요리는 이미 다 만들어졌다.

____。

菜 cài 요리

3. 차표는 이미 다 팔렸다.

____。

4. 방이 깨끗이 청소되어 있다.

____。

打扫 dǎsǎo 청소하다

干净 gānjìng 깨끗하다

叠 dié 옷을 개다

5. 옷이 잘 개어져 있다.

____。

6. 네가 원하던 그 책이 책상 위에 놓여 있다.

____。

7. 조급해하지 마. 문제는 반드시 해결될 수 있어.

____。

着急 zháojí 조급해하다

8. 칠판은 아주 깨끗하게 닦여져 있다.

____。

9. 문제가 이미 해결되었다.

____。

消灭 xiāomiè 소멸시키다, 없애다

光 guāng 조금도 남지 않다

10. 벌레가 모두 없어졌다.

____。

B. 피동표지가 있는 피동문

1. 그 책은 어제 다른 사람에 의해 대출되었다.

____。

2. 그는 모두에 의해 반장으로 선출되었다.

____。

3. 내 자전거는 방금 동생이 타고 갔다.

____。

4. 그 아이도 개한테 물렸다.

____。

5. 차표를 그들이 모두 사 버렸다.

____。

6. 옷이 나뭇가지에 걸려서 찢어졌다.

____。

7. 이 수수께끼는 초등학생이 알아맞혔다.

____。

8. 내 말을 그가 엿들었다.

____。

9. 문이 바람에 열렸다.

____。

10. 내 지갑은 소매치기한테 도둑맞지 않았다.

____。

HINT

谜语 míyǔ 수수께끼

小偷儿 xiǎotōur 소매치기

14 비교문

중국어의 '비교' 방식에는 여러 가지 유형이 있는데, 중국어에서 비교문은 꽤 까다로운 부분이라 할 수 있다. 표현하는 방법도 여러 가지이고, 같은 말이라도 위치에 따라 비교 내용이 달라지기도 한다. 둘 중의 비교, 정도의 비교, 최상급 표현 등에 대해 알아보자.

중국어의 비교방식	'更'과 '最'를 사용하는 비교문
	'比'를 사용하는 비교문
	'有'나 '没有'를 사용하는 비교문
	'跟~ 一样'을 사용하는 비교문

1 '更'과 '最'를 사용하는 비교문

'更 gèng'은 어떤 성질이나 상태가 원래의 것보다 초과되었음을 나타낸다. '更'을 사용한 비교문에서는 비교되는 대상도 역시 어느 정도의 수준을 가지고 있다는 것을 나타낸다.

- 这 种 方法 好，那 种 方法 更 好。 이 방법이 좋지만, 저 방법은 더욱 좋다.
  Zhè zhǒng fāngfǎ hǎo, nà zhǒng fāngfǎ gèng hǎo.
- 她 比 以前 更 健康 了。 그녀는 예전보다 더 건강해졌다.
  Tā bǐ yǐqián gèng jiànkāng le.

'最'는 최상급을 나타내는 말로, '가장 ~하다'는 뜻을 나타낸다.

- 这 是 最 重要 的 问题。 이것이 가장 중요한 문제다.
  Zhè shì zuì zhòngyào de wèntí.
- 这些 天 以来，今天 最 冷。 요 며칠 중에 오늘이 제일 춥다.
  Zhèxiē tiān yǐlái, jīntiān zuì lěng.

2 '比'를 사용하는 비교문

A + 比 + B ~	A는 B보다 ~하다
A + 比 + B + 还(更) ~	A는 B보다 더 ~하다
A + 比 + B ~ 一点儿	A는 B보다 좀 ~하다
A + 比 + B ~ 得多	A는 B보다 훨씬 ~하다

'A + 比 + B~' 형식의 비교문은 'A는 B보다 ~하다'라는 의미를 나타낸다.

· 这个 房间 比 那个 房间 大。 이 방은 저 방보다 크다.
Zhège fángjiān bǐ nàge fángjiān dà.

· 我 比 他 忙。 나는 그 사람보다 바쁘다.
Wǒ bǐ tā máng.

비교하는 두 대상의 정도 차이를 설명해 주는 형용사 앞에 정도를 나타내는 부사 '更'이나 '还'를 쓸 수 있다.

· 这个 东西 比 那个 更 贵。 이 물건은 저 물건보다 더 비싸다.
Zhège dōngxi bǐ nàge gèng guì.

· 我 比 他 还 忙。 나는 그 사람보다 더 바쁘다.
Wǒ bǐ tā hái máng.

비교한 결과가 확실한 수치로 나타날 때는 수량구를 사용하여 그 수나 양적인 차이를 구체적으로 나타낼 수 있다.

· 他 比 我 大 五 岁。 그는 나보다 다섯 살이 많다.
Tā bǐ wǒ dà wǔ suì.

· 这个 班 比 那个 班 多 五 个 学生。
Zhège bān bǐ nàge bān duō wǔ ge xuésheng.
이 반은 저 반보다 학생이 다섯 명 더 많다.

비교한 결과의 차이가 크지 않을 때는 '一点儿'이나 '一些'를 써서 나타낸다.

· 他 比 我 大 一点儿。 그는 나보다 나이가 좀 많다.
Tā bǐ wǒ dà yìdiǎnr.

· 他 比 我 高 一些。 그는 나보다 키가 조금 크다.
Tā bǐ wǒ gāo yìxiē.

💬 비교한 결과 차이가 클 때는 '~得多'를 사용하여 '훨씬 ~하다'라는 뜻을 나타낸다.

· 这 座 楼 比 那 座 高 得 多。 이 건물은 저 건물보다 훨씬 높다.
Zhè zuò lóu bǐ nà zuò gāo de duō.

· 这个 班 的 学生 比 那个 班 的 学生 多 得 多。
Zhège bān de xuésheng bǐ nàge bān de xuésheng duō de duō.
이 반의 학생은 저 반의 학생보다 훨씬 많다.

💬 '比'를 사용하는 비교문의 부정형은 '比' 앞에 부정사 '不'를 쓴다.

· 这 件 衬衫 不 比 那 件 新。 이 셔츠는 저것보다 새것이 아니다.
Zhè jiàn chènshān bù bǐ nà jiàn xīn.

· 我 每天 不 比 他 来 得 早。 나는 매일 그보다 일찍 오지 않는다.
Wǒ měitiān bù bǐ tā lái de zǎo.

3 '有'나 '没有'를 사용하는 비교

💬 '有'나 '没有'를 사용하는 비교문은 'A + 有(没有) + B + (这么, 那么) + 비교 내용'으로 이루어진다.

A + 有 + B (这么，那么) ~	A는 B만큼 (그렇게) ~하다	<긍정>
A + 没有 + B (这么，那么) ~	A는 B만큼 (그렇게) ~하지 않다	<부정>

💬 이 형식은 긍정문에서는 '주어 A가 B만큼 ~하다'는 뜻을 나타내고, 부정문에서는 '주어 A가 B만큼 ~하지 않다'는 뜻을 나타낸다.

· 弟弟 有 哥哥 高 了。 동생은 형만큼 키가 자랐다.
Dìdi yǒu gēge gāo le.

· 他 有 你 大 吗? 그는 너만큼 나이를 먹었니?
Tā yǒu nǐ dà ma?

· 首尔 没 有 北京 冷。 서울은 북경만큼 춥지 않다.
Shǒu'ěr méi yǒu Běijīng lěng.

· 这儿 没 有 海边 有意思。 여기는 바닷가만큼 재미있지 않다.
Zhèr méi yǒu hǎibiān yǒuyìsi.

이런 비교 형식은 정도를 나타내는 동사나 조동사가 쓰인 문장에서도 사용할 수 있다. 하지만 A, B의 대략적인 비교를 나타내기 때문에 구체적인 차이를 나타내는 보어와 같이 쓸 수 없다.

- 你 有 他 那么 会 下棋 吗?　　너는 그 사람만큼 장기를 둘 수 있니?
  Nǐ yǒu tā nàme huì xiàqí ma?
- 他 没 有 我 这么 喜欢 古典 音乐。
  Tā méi yǒu wǒ zhème xǐhuan gǔdiǎn yīnyuè.
  그 사람은 나만큼 이렇게 고전음악을 좋아하지 않는다.

'A 没有 B~'와 'A 不比 B~' 비교

A 没有 B~ A는 B만큼 ~하지 않다	A 不比 B~ A는 B보다 ~하지 않다
他 没 有 我 大。 Tā méi yǒu wǒ dà. 그는 나만큼 나이를 먹지 않았다.	他 不 比 我 大。 Tā bù bǐ wǒ dà. 그는 나보다 나이가 많지 않다.
= 他 比 我 小。 Tā bǐ wǒ xiǎo. 그는 나보다 어리다.	= 他 跟 我 一样 大。 Tā gēn wǒ yíyàng dà. 그는 나와 나이가 같다. 或 = 他 比 我 小。 Tā bǐ wǒ xiǎo. 그는 나보다 어리다.

4 '跟 ~ 一样'을 사용하는 비교

이 비교문은 둘을 비교해 본 결과, 서로 같거나 비슷한 것을 나타낸다.

A + 跟 + B 一样	A는 B와 같다.
A + 跟 + B 一样~	A는 B처럼 ~하다.
A + 跟 + B + 不一样	A는 B와 같지 않다(다르다).

· 他 的 电脑 跟 我 的 电脑 一样。
Tā de diànnǎo gēn wǒ de diànnǎo yíyàng.
그의 컴퓨터는 내 컴퓨터와 같다.

· 他 的 U盘 跟 我 的 U盘 容量 一样。
Tā de U pán gēn wǒ de U pán róngliàng yíyàng.
그의 USB는 나의 USB와 용량이 같다.

❶ 만약 A와 B의 비교 내용을 구체적으로 나타내고자 할 때는 다음과 같다.

· 他 的 鞋 跟 我 的 鞋 一样 大。
Tā de xié gēn wǒ de xié yíyàng dà.
그의 신발은 나의 신발과 크기가 같다.

· 我 跟 爸爸 一样 高。
Wǒ gēn bàba yíyàng gāo.
나는 아버지하고 키가 같다.

· 这 本 书 跟 那 本 一样 厚。
Zhè běn shū gēn nà běn yíyàng hòu.
이 책은 저 책과 두께가 같다.

❷ '跟~ 一样'은 문장 속에서 부사어도 될 수 있고, 또한 관형어나 보어가 될 수 있다.

· 读 跟 写 一样 重要。
Dú gēn xiě yíyàng zhòngyào.
읽는 것은 쓰는 것과 마찬가지로 중요하다.

· 他 说 汉语 说 得 跟 中国人 一样。
Tā shuō Hànyǔ shuō de gēn Zhōngguórén yíyàng.
그는 중국 사람처럼 중국어를 한다.

❸ '跟~ 一样'의 부정형은 'A跟B不一样'으로 나타낸다.

· 今年 冬天 的 天气 跟 去年 的 不 一样。
Jīnnián dōngtiān de tiānqì gēn qùnián de bù yíyàng.
올해 겨울 날씨는 작년과 같지 않다.

· 我 朋友 的 专业 跟 我 的 不 一样。
Wǒ péngyou de zhuānyè gēn wǒ de bù yíyàng.
내 친구의 전공은 내 전공과 다르다.

· 他 的 鞋 跟 我 的 鞋 大小 不 一样。
Tā de xié gēn wǒ de xié dàxiǎo bù yíyàng.
그의 신발은 내 신발과 크기가 다르다.

작문연습

1 주어진 단어로 문장 만들기

(1) 여동생은 남동생보다 키가 더 크다.

妹妹 / 高 / 比 / 还 / 弟弟

➡ ______________________________。

(2) 그는 번역을 나보다 빨리 한다.

翻译 / 我 / 得 / 他 / 比 / 快

➡ ______________________________。

(3) 그는 나보다 공부를 잘한다.

他 / 我 / 学习 / 比 / 好

➡ ______________________________。

(4) 이곳의 공원은 그곳과 마찬가지로 많다.

这儿 / 一样 / 公园 / 的 / 多 / 跟 / 那儿

➡ ______________________________。

(5) 너의 의견은 그의 의견과 같니?

他 / 你 / 的 / 跟 / 的 / 意见 / 一样 / 吗

➡ ______________________________?

(6) 이 문장의 뜻은 저 문장과 같지 않다.

跟 / 意思 / 的 / 这 / 个 / 一样 / 那 / 个 / 句子 / 不 / 句子 / 的

➡ ______________________________。

2 문장 확장 연습

(1) 그는 바둑 두기를 좋아하지 않는데, 카드놀이는 더 좋아하지 않는다.

① 그는 좋아하지 않는다.

➡ ____。

② 그는 바둑 두기를 좋아하지 않는다.

➡ ____。

③ 그는 카드놀이를 더 좋아하지 않는다.

➡ ____。

④ 그는 바둑 두기를 좋아하지 않는데, 카드놀이는 더 좋아하지 않는다.

➡ ____。

(2) 그는 20살이고 나는 19살로, 그는 나보다 나이가 많고 나는 그보다 나이가 적다.

① 그는 20살이고 나는 19살이다.

➡ ____。

② 그는 나보다 나이가 많다.

➡ ____。

③ 나는 그보다 나이가 적다.

➡ ____。

④ 그는 20살이고 나는 19살로, 그는 나보다 나이가 많고 나는 그보다 나이가 적다.

➡ ____。

HINT

下棋 xià qí
바둑을 두다

打扑克 dǎ pūkè
카드를 치다

大 dà 나이가 많다

小 xiǎo 나이가 적다

연습문제

◆ 다음 문장을 중국어로 작문하시오.

1. 나는 등산을 가장 좋아한다.

______________________________。

2. 그녀는 오늘 제일 일찍 왔다.

______________________________。

3. 이 산도 좋지만, 내가 가 본 그 산이 더 좋다.

______________________________。

4. 나는 이전보다 중국을 더욱 좋아하게 되었다.

______________________________。

5. 사과는 귤보다 더 비싸다.

______________________________。

6. 그는 중국어를 나보다 유창하게 한다.

______________________________。

7. 나는 그보다 한자를 잘 쓴다.

______________________________。

8. 그는 나보다 네 살이 더 많다.

______________________________。

9. 이 사전은 저 사전보다 10위안이 더 비싸다.

______________________________。

10. 오토바이는 자전거보다 훨씬 비싸다.

______________________________。

HINT

爬山 páshān 등산하다

苹果 píngguǒ 사과
橘子 júzi 귤
贵 guì 비싸다
流利 liúlì 유창하다

摩托车 mótuōchē 오토바이

15 복문 (1)

의미관계가 밀접한 두 개 또는 두 개 이상의 단문으로 이루어진 문장을 '**복문**'이라 한다. 복문을 이루는 단문을 '절'이라고 한다. 중국어의 복문은 각 절 사이의 관계가 대등한 '**연합 복문**'과 주절과 종속절로 구성된 '**종속 복문**'의 두 가지 유형으로 구분된다. 복문(1)에서는 연합복문을 다루기로 한다.

연합 복문의 유형	병렬 복문	사건이나 상황의 몇 가지 사실을 설명 또는 묘사할 때
	순접 복문	사건 또는 사실을 발생순서에 따라 서술할 때
	점층 복문	뒷 절이 앞의 절보다 한층 더 발전됨을 서술할 때
	선택 복문	여러 상황을 제시하고 상대에게 선택하도록 할 때

1 병렬 복문

어떤 사물이나 사실에 대해 설명하거나 묘사할 때 쓰인다.

~, ~, ~ …	~하고, ~하고, ~하다
又~, 又~	~하기도 하고 ~하기도 하다
一边~, 一边~	한편으로는 ~하고, 한편으로는 ~하다
一面~, 一面~	한편으로는 ~하고, 한편으로는 ~하다
不是~, 而是~	~하는 것이 아니라 ~이다
既~ , 又~	~이기도 하고 ~이기도 하다

· 我 是 急性子， 老公 是 慢性子。
Wǒ shì jíxìngzi, lǎogōng shì mànxìngzi.
나는 성격이 아주 급하고, 남편은 성격이 아주 느리다.

· 他 又 是 我 的 老师， 又 是 我 的 朋友。
Tā yòu shì wǒ de lǎoshī, yòu shì wǒ de péngyou.
그는 나의 선생님이기도 하고 나의 친구이기도 하다.

· 我 一边 听 录音， 一边 喝 咖啡。
Wǒ yìbiān tīng lùyīn, yìbiān hē kāfēi.
나는 한편으로는 녹음을 들으면서 한편으로는 커피를 마신다.

· 他们 不 是 去 美国，而是 去 中国。
Tāmen bú shì qù Měiguó, érshì qù Zhōngguó.
그들은 미국에 가는 것이 아니라 중국에 간다.

· 我们 的 宿舍 既 整洁 又 安静。
Wǒmen de sùshè jì zhěngjié yòu ānjìng.
우리의 기숙사는 깨끗하기도 하고 또 조용하기도 하다.

2 순접 부정문

연속적으로 일어나는 동작이나 사건을 차례차례 서술하거나 묘사한다.

~，~ …	~하자, ~하다
首先~，然后~	먼저(처음에는) ~하고, 나중에 ~하다
先~，再~	먼저 ~하고, 다시 ~하다
~，便(就)~	~하고는, 곧 ~하다
~，于是~	~해서, 그래서 ~하다

· 他 一 说，大家 都 笑 起来 了。
Tā yì shuō, dàjiā dōu xiào qǐlái le.
그가 말하자 모두가 웃기 시작했다.

· 他们 首先 参观 故宫，然后 去 长城。
Tāmen shǒuxiān cānguān Gùgōng, ránhòu qù Chángchéng.
그들은 먼저 고궁을 구경하고, 그 다음에 만리장성에 간다.

· 先 把 问题 调查 清楚，再 研究 解决 的 办法。
Xiān bǎ wèntí diàochá qīngchu, zài yánjiū jiějué de bànfǎ.
먼저 문제를 명확하게 조사하고, 그 다음에 해결할 방법을 연구한다.

· 她 听完 录音，就 开始 翻译 了。
Tā tīngwán lùyīn, jiù kāishǐ fānyì le.
그녀는 녹음을 다 듣고는 곧 번역을 시작했다.

· 今天 下 大雪，于是 我 坐 地铁 去。
Jīntiān xià dàxuě, yúshì wǒ zuò dìtiě qù.
오늘 눈이 많이 내려서 나는 지하철을 타고 간다.

3 점층 복문

뒤의 내용이 앞의 내용보다 한층 더 심해지거나 발전되는 것을 나타낸다.

~, 而且 ~	~하고, 게다가 ~하다
不但~, 而且 ~	비단 ~일뿐만 아니라(게다가) ~하기도 하다

- 他 非常 聪明，而且 还 很 用功。
  Tā fēicháng cōngming, érqiě hái hěn yònggōng.
  그는 매우 총명할 뿐만 아니라, 게다가 열심히 공부한다.
- 小李 不但 热情，而且 很 有 耐心。
  Xiǎolǐ búdàn rèqíng, érqiě hěn yǒu nàixīn.
  이 군은 열정적일 뿐만 아니라, 아주 인내심이 있다.
- 我 朋友 不但 会 说 汉语，而且 英语 也 很 好。
  Wǒ péngyou búdàn huì shuō Hànyǔ, érqiě Yīngyǔ yě hěn hǎo.
  내 친구는 중국어를 할 줄 알 뿐만 아니라, 영어도 아주 잘한다.

4 선택 복문

몇 가지 상황을 제시하고, 그 중에서 한 가지를 선택할 때 쓴다.

是 ~ , 还是 ~	~ 아니면 ~이다
不是 ~ , 就是 ~	~ 하지 않으면 ~하다, ~이 아니면 ~이다
与其 ~ , 不如 ~	~ 하기보다는 ~하는 것이 더 낫다
宁可 ~ , 也不 ~	차라리 ~할지언정 ~하지 않다
宁可 ~ , 决不 ~	차라리 ~할지언정 결코 ~하지 않다

- 是 上午 开会，还是 下午 开会，请 您 决定。
  Shì shàngwǔ kāihuì, háishi xiàwǔ kāihuì, qǐng nín juédìng.
  오전에 회의를 열지, 아니면 오후에 회의를 열지 결정하세요.
- 他 在 休息 的 时候，不 是 看 书，就 是 看 报。
  Tā zài xiūxi de shíhou, bú shì kàn shū, jiù shì kàn bào.
  그는 휴식할 때 책을 보지 않으면 신문을 본다.

· 与其 读 小说，不如 看 电影。
Yǔqí dú xiǎoshuō, bùrú kàn diànyǐng.
소설을 보는 것보다는 영화를 보는 것이 더 낫다.

· 我 宁可 自己 多 做 一些，也 不 把 工作 推给 别人。
Wǒ nìngkě zìjǐ duō zuò yìxiē, yě bù bǎ gōngzuò tuīgěi biérén.
난 내가 차라리 좀더 일을 할지언정 업무를 남에게 떠넘기지 않는다.

알아맞혀 보세요!

看 看 沒 有，
Kàn kan méi yǒu,
눈으로 보면 없구요,

摸 摸 倒 有，
mō mo dào yǒu,
만져보면 있어요.

像 冰 不 化，
xiàng bīng bú huà,
얼음 같지만 녹지 않구요,

像 水 不 流。
xiàng shuǐ bù liú.
물 같지만 흐르지 않아요.

작문연습

1 주어진 단어로 문장 만들기

(1) 선생님은 지도를 가리키며 말씀하신다.

一边 / 老师 / 说 / 指着 zhǐzhe / 一边 / 地图 dìtú

➡ ____。

(2) 선생님은 강의를 하시고 우리들은 필기를 한다.

讲 / 笔记 bǐjì / 老师 / 我们 / 做

➡ ____。

(3) 나는 중국 음식을 좋아할 뿐 아니라 중국 음식을 만들 줄도 안다.

我 / 中国菜 / 会 / 不但 / 喜欢 / 而且 / 吃 / 做 / 中国菜

➡ ____。

(4) 이번에 돌아와 너희들을 보게 되어 나는 정말 기쁘다.

这次 / 你们 / 我 / 回来 / 很 / 见到 / 高兴

➡ ____。

(5) 너는 영어를 배우니 아니면 일본어를 배우니?

你 / 学 / 是 / 呢 / 还是 / 英语 / 学 / 日语

➡ ____?

(6) 그는 집에 있을 때 TV를 보지 않으면 잠을 잔다.

他 / 在家里 / 睡觉 shuìjiào / 不是 / 就是 / 看 / 电视

➡ ____。

2 문장 확장 연습

(1) 그는 나에게 화를 내지 않았을 뿐 아니라 오히려 내게 친절해졌다.

① 그가 화를 내다.

➡ ______________________________。

② 그가 나에게 화를 내다.

➡ ______________________________。

③ 그가 오히려 친절해졌다.

➡ ______________________________。

④ 그는 나에게 화를 내지 않았을 뿐 아니라 오히려 내게 친절해졌다.

➡ ______________________________。

HINT

生气 shēngqì 화내다

反而 fǎn'ér 오히려, 도리어

亲热 qīnrè 친절하다, 다정하다

(2) 모양도 예쁘고, 가격도 싸고, 품질도 아주 좋으니 사도록 하자.

① 모양이 예쁘다.

➡ ______________________________。

② 가격도 싸다.

➡ ______________________________。

③ 품질도 아주 좋다.

➡ ______________________________。

④ 모양도 예쁘고, 가격도 싸고, 품질도 아주 좋으니 사도록 하자.

➡ ______________________________。

样子 yàngzi 모양

好看 hǎokàn 예쁘다, 보기좋다

价钱 jiàqián 가격

质量 zhìliàng 품질

연습문제

◆ 다음 문장을 중국어로 작문하시오.

1. 우리 아빠는 올해 54세이고, 엄마는 53세이다.

____。

2. 나는 북경에서 왔고, 누나는 홍콩에서 왔다.

____。

3. 그들은 한편으로 춤을 추고 한편으로는 노래를 부른다.

____。

4. 그는 소설가이기도 하지만, 또 화가이기도 하다.

____。

5. 나는 미국에 가는 것이 아니라 중국에 가는 것이다.

____。

6. 선생님은 우리에게 먼저 한국어로 쓰고, 다시 중국어로 번역하게 하신다.

____。

7. 우리 먼저 홍콩에 가고, 다음에 북경에 가는 게 어때?

____?

8. 오늘 엄마가 오셨을 뿐만 아니라 아버지도 오셨다.

____。

9. 서서 죽을지언정 결코 무릎을 꿇고 살지는 않는다.

____。

10. 내일 김 선생이 갑니까, 아니면 박 선생이 갑니까?

____?

HINT

香港 Xiānggǎng
홍콩

怎么样
zěnmeyàng
어떠하다, 어떻게 하다

跪 guì 무릎을 꿇다

16 복문 (2)

종속 복문은 '주절'과 '종속절'로 이루어지며, 종속절은 주절에 대해서 설명을 하거나 제한을 하게 된다. 종속복문은 주절과의 상호 관계에 따라 다음과 같이 몇 가지 유형으로 나뉘어 진다.

		종속절	주절
종속 복문 유형	전환 복문	사실 또는 상황 설명	전환된 상반 내용
	인과 복문	원인 또는 이유 설명	원인, 이유에 따른 결과
	조건 복문	조건 서술	조건에 따른 결과
	가정 복문	가정이나 가설 서술	가정, 가설에 따른 결과
	목적 복문	목적을 나타냄	목적 달성을 위한 행동

1 전환 복문

'~하는데', '~하지만'의 뜻으로 종속절과 주절의 내용이 서로 상반되거나 뒤에 다른 내용이 온다.

虽然 ~ , 但是 ~	비록 ~이지만, (그러나) ~하다
虽然 ~ , 可是 ~	비록 ~이지만, (그러나) ~하다
~ , 不过 (可是) ~	~하나, (그러나) ~하다
~ , 否则 ~	~해야지, 그렇지 않으면 ~하다

- 我 虽然 很 喜欢 诗, 但是 我 不 会 写。
  Wǒ suīrán hěn xǐhuan shī, dànshì wǒ bú huì xiě.
  나는 비록 시를 좋아하지만, 지을 줄은 모른다.
- 他 虽然 失败 了 很 多 次, 可是 并 不 灰心。
  Tā suīrán shībài le hěn duō cì, kěshì bìng bù huīxīn.
  그는 비록 여러 번 실패했으나, 결코 낙심하지 않는다.
- 我 想 送 他 一 件 礼物, 可是 不 知道 送 什么 好。
  Wǒ xiǎng sòng tā yí jiàn lǐwù, kěshì bù zhīdào sòng shénme hǎo.
  나는 그에게 선물을 하나 하고 싶은데, (하지만)뭘 해야 좋을지 모르겠다.

· 学汉语 应该 多 练习，否则 就 学 不 好。
Xué Hànyǔ yīnggāi duō liànxí, fǒuzé jiù xué bù hǎo.
중국어를 배울 때는 많이 연습을 해야지, 그렇지 않으면 잘 배울 수 없다.

2 인과 복문

종속절에서는 이유나 원인을 설명하고, 주절에서는 그에 따른 결과를 나타낸다.

因为 ~，所以 ~	~이기 때문에, 그래서 ~하다
由于 ~，所以 ~	~이기 때문에, 그래서 ~하다

· 因为 天气 不 好，所以 飞机 改在 明天 起飞。
Yīnwèi tiānqì bù hǎo, suǒyǐ fēijī gǎizài míngtiān qǐfēi.
날씨가 안 좋기 때문에 비행기는 내일 뜬다.

· 这 里 无法 过 江，因为 水流 太 急。
Zhè li wúfǎ guò jiāng, yīnwèi shuǐliú tài jí.
이곳에서는 강을 건널 방법이 없는데, 물살이 너무 빠르기 때문이다.

由于粗心...

· 由于 我 粗心，把 "大" 字 写成 了 "太"。
Yóuyú wǒ cūxīn, bǎ "dà" zì xiěchéng le "tài".
나는 부주의해서 '大'자를 '太'자로 써버렸다.

· 由于 时间 的 关系，今天 就 到 这儿 吧。
Yóuyú shíjiān de guānxi, jīntiān jiù dào zhèr ba.
시간 관계상 오늘은 여기에서 마치겠습니다.

3 조건 복문

종속절에서는 어떠한 조건을 나타내고, 주절에서는 그 결과를 나타낸다.

只要 ~, 就 ~	단지 ~하면 곧 ~하다 (많은 조건중의 하나 제시)
只有 ~, 才 ~	오직 ~해야만 비로소 ~하다 (유일한 조건)
除了 ~ 以外，都 ~	~을(를) 제외하고, 모두 ~하다(앞 대상을 배제함)
除了 ~ 以外，还 ~	이외에, (거기에다) 또 ~하다 (앞 대상을 포함함)

• 只要 你 下 功夫，你 就 一定 能 学会。
Zhǐyào nǐ xià gōngfu, nǐ jiù yídìng néng xuéhuì.
단지 네가 노력하기만 한다면, 너는 반드시 배울 수 있어.

• 你们 只有 努力 学习，才 能 学好 汉语。
Nǐmen zhǐyǒu nǔlì xuéxí, cái néng xuéhǎo Hànyǔ.
너희들은 열심히 공부해야만 비로소 중국어를 잘 배울 수 있다.

• 除了 他 以外，我们 都 听懂 了。
Chúle tā yǐwài, wǒmen dōu tīngdǒng le.
그 사람을 제외하고 우리는 모두 알아들었다.

• 除了 英语 以外，他 还 会 说 汉语。
Chúle Yīngyǔ yǐwài, tā hái huì shuō Hànyǔ.
영어 외에도, 그는 또 중국어를 할 줄 안다.

4 가정 복문

종속절에서는 가정이나 가설을 나타내고, 주절에서는 가설이 실현될 경우 생길 수 있는 결과를 설명한다.

如果 ~，~	만약 ~하다면, ~하다
要是 ~，~	만약 ~하다면, ~하다
假如 ~，~	만약 ~하다면, ~하다
即使 ~，也 ~	설사(설령) ~한다 할지라도, 그래도 ~하다

• 如果 你 相信 我，就 说 实话。
Rúguǒ nǐ xiāngxìn wǒ, jiù shuō shíhuà.
만약 네가 나를 믿는다면, 사실대로 말해.

• 要是 下 雨，咱们 就 打的 去 吧。
Yàoshi xià yǔ, zánmen jiù dǎdī qù ba.
만약 비가 오면, 우리 택시 타고 가자.

• 假如 明天 不 下 雨，我 一定 去。
Jiǎrú míngtiān bú xià yǔ, wǒ yídìng qù.
만약 내일 비가 안 오면, 나는 반드시 갈 거야.

· 即使 你 当时 在 场，恐怕 也 没 有 别 的 办法。
Jíshǐ nǐ dāngshí zài chǎng, kǒngpà yě méi yǒu bié de bànfǎ.
설사 네가 당시에 거기 있었다 해도, 아마 다른 방법이 없었을 거야.

5 목적 복문

'~하기 위해 ~하다'란 뜻으로, 종속절은 어떤 목적을 나타내고, 주절에서는 그 목적을 이루기 위한 행동 등을 나타낸다.

为 ~，~	~하기 위해서, ~하다
为了 ~，~	~하기 위해서, ~하다
~，为的是 ~	~하는 것은, ~하기 위해서이다
~，好 ~	~하여, ~하도록(~하게끔) 하다

· 为了 学习 汉语，我 买 了 一 本 汉韩 词典。
Wèile xuéxí Hànyǔ, wǒ mǎi le yì běn Hànhán cídiǎn.
중국어를 공부하기 위해서, 나는 중한 사전을 한 권 샀다.

· 为了 提高 汉语 水平，我 经常 找 中国人 聊天。
Wèile tígāo Hànyǔ shuǐpíng, wǒ jīngcháng zhǎo Zhōngguó rén liáotiān.
중국어 수준을 높이기 위해, 나는 늘 중국인을 찾아 얘기를 한다.

· 他 早 就 起来 了，为 的 是 跟 我 一起 去 故宫。
Tā zǎo jiù qǐlái le, wèi de shì gēn wǒ yìqǐ qù Gùgōng.
그가 일찍 일어난 것은 나와 함께 고궁에 가기 위해서이다.

· 告诉 我 他 在 哪儿，我 好 找 他 去。
Gàosu wǒ tā zài nǎr, wǒ hǎo zhǎo tā qù.
그가 어디 있는지 말해 줘, 내가 그를 찾아갈 수 있도록 말이야.

작문연습

1 주어진 단어로 문장 만들기

(1) 비록 벌써 봄이 왔지만, 날씨가 여전히 춥다.

冷 lěng / 还 / 虽然 / 已经 / 春天 chūntiān / 天气 / 很 / 但是 / 了 / 到

➡ ____。

(2) 그는 열심히 공부했으나 시험성적은 오히려 그다지 좋지 않다.

可是 / 却 / 考试 / 不太 / 他 / 成绩 chéngjì / 用功 / 好 / 学习 / 很

➡ ____。

(3) 날씨가 좋지 않아서 우리는 서울에 가지 않았다.

因为 / 我们 / 去 / 天气 / 所以 / 没 / 首尔 / 不 / 好

➡ ____。

(4) 만약 무슨 문제가 있으면 언제든지 날 찾아와도 돼.

如果 / 可以 / 找 / 有 / 我 / 来 / 什么 / 问题 / 随时

➡ ____。

(5) 단지 복습만 잘 하기만 하면, 반드시 시험을 잘 볼 수 있다.

只要 / 复习 / 就 / 能 / 好好 / 一定 / 考好 kǎohǎo

➡ ____。

(6) 그의 생일을 축하하기 위해 우리는 파티를 열기로 했다.

为了 / 的 / 庆祝 qìngzhù / 我们 / 他 / 决定 / 晚会 wǎnhuì / 生日 shēngrì / 个 / 开

➡ ____。

2 문장 확장 연습

(1) 나는 서울 사람이기 때문에, (난) 특별히 서울 팀에 관심을 가지고 있다.

① 나는 서울 사람이다.

➡ ______________________________。

② 서울 팀에 특별히 관심을 갖다.

➡ ______________________________。

③ 나는 서울 팀에 특별히 관심을 갖고 있다.

➡ ______________________________。

④ 나는 서울 사람이기 때문에, (난) 특별히 서울 팀에 관심을 가지고 있다.

➡ ______________________________。

(2) 너 이번 주 토요일에 시간 있으면 우리 집에 놀러 와.

① 이번 주 토요일

➡ ______________________________。

② 이번 주 토요일에 시간이 있다.

➡ ______________________________。

③ 우리 집에 놀러 와.

➡ ______________________________。

④ 너 이번 토요일에 시간 있으면 우리 집에 놀러 와.

➡ ______________________________。

HINT

特别 tèbié 특별히

关心 guānxīn 관심을 갖다

队 duì 팀, 선수단

空儿 kòngr 짬, 틈

연습문제

◆ 다음 문장을 중국어로 작문하시오.

1. 만약 네 도움이 없었다면, 난 실패했을 거야.

______________________________。

2. 날씨가 좋기만 하면 그는 반드시 온다.

______________________________。

3. 단지 이 군이 그녀를 부르러 가야지만 그녀는 올 거야.

______________________________。

4. 형편이 어려워서 이번 학기에 나는 학교에 갈 수가 없다.

______________________________。

5. 이 소설은 아주 재미있어서 보고 싶어하는 사람이 적지 않다.

______________________________。

6. 너는 실제상황을 모르기 때문에 함부로 떠들어서는 안 된다.

______________________________。

7. 그들 두 사람만 빼놓고 우리는 모두 그 사실을 알고 있다.

______________________________。

8. 영어 말고도 그는 또 중국어와 일본어를 할 줄 안다.

______________________________。

9. 맘에 드는 영어사전을 사기 위해 나는 많은 서점을 다녔다.

______________________________。

10. 노력하기만 하면, 너는 중국어를 마스터할 수 있어.

______________________________。

HINT

失败 shībài 실패하다

经济 jīngjì 경제

学期 xuéqī 학기

了解 liǎojiě 이해하다

实际 shíjì 실제의

情况 qíngkuàng 상황

俩 liǎ 두 사람

满意 mǎnyì 맘에 들다

学好 xuéhǎo 마스터하다

문장의 성분

중국어 문장의 주요성분으로는 주어, 술어, 목적어, 관형어, 부사어, 보어 등이 있다. 이 장에서는 일반적으로 이해될 수 있는 주어, 술어, 목적어 부분은 생략하고, 한국인 학습자가 특히 중점적으로 익혀야 하는 중국어의 관형어, 부사어 및 보어를 중심으로 다루었다.

<table>
<tr><td rowspan="14">문장의 성분</td><td>주어</td><td></td></tr>
<tr><td>술어</td><td></td></tr>
<tr><td>목적어</td><td></td></tr>
<tr><td>관형어</td><td></td></tr>
<tr><td>부사어</td><td></td></tr>
<tr><td rowspan="7">보어</td><td>정도 보어</td></tr>
<tr><td>결과 보어</td></tr>
<tr><td>방향 보어</td></tr>
<tr><td>가능 보어</td></tr>
<tr><td>동량 보어</td></tr>
<tr><td>시량 보어</td></tr>
<tr><td>수량 보어</td></tr>
<tr><td>독립 성분</td><td></td></tr>
<tr><td>복지 성분</td><td></td></tr>
</table>

관형어

명사나 명사구를 수식하면서 사람이나 사물의 성질·모습·수량·범주 등을 나타내는 문장 성분을 '**관형어**'라 한다. 이때 관형어의 수식을 받는 명사나 명사구를 '중심어'라 한다. 관형어와 중심어 사이에는 일반적으로 구조 조사 '的'가 놓인다. '的'는 '~의'란 뜻이지만 해석하지 않는 것이 더 자연스러울 때도 있다.

관형어				
명사 대명사 수사 · 수량구 형용사 · 형용사구 동사 · 동사구 주술구	+	的 (~의, ~한)	+	중심어 (피수식어)

1 관형어의 구성

A. 명사가 관형어가 될 때

소유나 종속관계를 나타내는 명사나 시간, 장소를 나타내는 명사가 관형어로 쓰일 때는 대개 중심어 앞에 '的'를 놓는다.

- 老师 的 家 在 大田。 선생님의 집은 대전에 있다.
  Lǎoshī de jiā zài Dàtián.
- 东边 的 大楼 是 首尔 市政府。 동쪽(의) 건물은 서울 시청이다.
  Dōngbian de dàlóu shì Shǒu'ěr shìzhèngfǔ.

B. 대명사가 관형어가 될 때

인칭 대명사가 관형어로 쓰이는 경우이다. 이때 '的'는 소유관계를 나타낸다.

- 他 的 办公室 在 楼 上。 그의 사무실은 위층에 있다.
  Tā de bàngōngshì zài lóu shang.
- 你 的 雨伞 在 哪里? 너의 우산은 어디에 있니?
  Nǐ de yǔsǎn zài nǎli?

중심어가 가족관계나 소속단체 등을 나타낼 때에는 대개 '的'를 쓰지 않는다.

- 我 爸爸 是 大夫，妈妈 也 是 大夫。 우리 아빠는 의사이고, 엄마 역시 의사이다.
  Wǒ bàba shì dàifu, māma yě shì dàifu.
- 你 姐姐 在 哪个 银行 工作? 너의 누나는 어느 은행에서 일을 하니?
  Nǐ jiějie zài nǎge yínháng gōngzuò?

지시 대명사가 양사와 함께 관형어로 쓰일 때는 '的'를 쓰지 않는다.

- 这 本 杂志 是 我 今天 买 的。 이 잡지는 내가 오늘 산 것이다.
  Zhè běn zázhì shì wǒ jīntiān mǎi de.
- 那 顶 帽子 很 贵。 저 모자는 매우 비싸다.
  Nà dǐng màozi hěn guì.

C. 수사 · 수량구가 관형어가 될 때

수사가 관형어로 쓰일 때에는 일반적으로 '的'를 쓰지만, 양사가 붙을 때는 '的'를 쓰지 않는다.

- 三 的 两 倍 是 六。 3의 2배는 6이다.
  Sān de liǎng bèi shì liù.
- 我 要 买 一 件 毛衣。 나는 스웨터 한 벌을 사려고 한다.
  Wǒ yào mǎi yí jiàn máoyī.
- 我 朋友 送给 我 一 本 画报。 내 친구가 내게 화보 한 권을 주었다.
  Wǒ péngyou sònggěi wǒ yì běn huàbào.

D. 형용사 · 형용사구가 관형어가 될 때

단음절로 된 형용사가 관형어로 쓰일 때는 '的'를 쓰지 않는다.

- 他们 俩 是 好 朋友。 그 두 사람은 좋은 친구이다.
  Tāmen liǎ shì hǎo péngyou.
- 请 给 我 一 杯 热 咖啡。 제게 뜨거운 커피 한 잔 주세요.
  Qǐng gěi wǒ yì bēi rè kāfēi.

형용사 '多'나 '少'는 일반적으로 앞에 '很'이나 '不'를 붙여 관형어로 쓰이지만 이때도 '的'를 쓰지 않고 중심어를 수식한다.

- 很 多 外国 朋友 都 去过 长城。
  Hěn duō wàiguó péngyou dōu qùguo Chángchéng.
  많은 외국친구들이 모두 만리장성에 가 본 적이 있다.

很多
不少
→ 중심어

- 这 篇 文章 不 少 人 都 读过。
  Zhè piān wénzhāng bù shǎo rén dōu dúguo.
  이 글을 적지 않은 사람들이 모두 읽어 봤다.

쌍음절로 된 형용사가 관형어가 될 때에는 중심어 앞에 '的'를 쓰지만 어떤 때에는 생략할 수도 있다.

- 他 是 一 位 年轻 的 大夫。 그는 젊은 의사이다.
  Tā shì yí wèi niánqīng de dàifu.

- 他 有 一 个 幸福 (的) 家庭。 그는 행복한 가정이 있다.
  Tā yǒu yí ge xìngfú (de) jiātíng.

형용사구가 관형어로 쓰일 때에는 반드시 '的'를 써서 중심어를 수식한다.

- 厦门 是 一 座 非常 美丽 的 城市。 하문은 아주 아름다운 도시이다.
  Xiàmén shì yí zuò fēicháng měilì de chéngshì.

- 她 是 一 个 十分 可爱 的 小 姑娘。 그녀는 아주 귀여운 꼬마 아가씨다.
  Tā shì yí ge shífēn kě'ài de xiǎo gūniang.

E. 동사 · 동사구가 관형어가 될 때

동사가 관형어로 쓰일 때에는 보통 동사 뒤에 '的'가 붙는다.

- 昨天 我们 去 公园，散步 的 人 很 多。
  Zuótiān wǒmen qù gōngyuán, sànbù de rén hěn duō.
  어제 공원에 갔는데, 산책하는 사람들이 많았다.

- 那 是 谁 买 的 电脑?
  Nà shì shéi mǎi de diànnǎo?
  저것은 누가 산 컴퓨터니?

쌍음절 동사가 뒤의 명사를 수식할 때는 일반적으로 '的'를 쓰지 않는다.

· 他 的 考试 成绩 很 不 错。
Tā de kǎoshì chéngjì hěn bú cuò.
그의 시험 성적은 매우 좋다.

· 今天 有 一 个 庆祝 晚会，你 要 参加 吗?
Jīntiān yǒu yí ge qìngzhù wǎnhuì, nǐ yào cānjiā ma?
오늘 축하 파티가 있는데, 너 참석할 거니?

동사구가 관형어가 될 때는 뒤에 '的'를 써야 한다.

· 这 是 送 王 老师 的 礼物。 이것은 왕 선생님께 드리는 선물이다.
Zhè shì sòng Wáng lǎoshī de lǐwù.

· 请 把 看 不 懂 的 地方 记 下来。 알아볼 수 없는 곳을 적으세요.
Qǐng bǎ kàn bu dǒng de dìfang jì xiàlái.

F. 주술구가 관형어가 될 때

'주어 + 서술어'로 이루어진 주술구가 관형어가 될 때는 뒤에 '的'를 써야 한다.

· 这 是 我们 上 课 的 教室。 이것은 우리가 수업하는 교실이다.
Zhè shì wǒmen shàng kè de jiàoshì.

· 这 是 我 妈妈 做 的 点心。 이것은 우리 엄마가 만든 간식이다.
Zhè shì wǒ māma zuò de diǎnxīn.

2 관형어의 배열 순서

중심어가 여러 개의 관형어를 가질 때는 종속관계를 나타내는 명사나 대명사가 항상 가장 먼저 쓰인다. 수식관계를 나타내는 명사나 형용사는 중심어에서 가장 가까운 곳에 놓고 지시 대명사는 수량사 앞에 놓는다.

종속관계	조사	지시사	수사	양사	수식관계	수식관계	중심어
						汉韩	词典
					新	汉韩	词典
			两	本	新	汉韩	词典
		那	两	本	新	汉韩	词典
我	的	那	两	本	新	汉韩	词典
나	의	저	두	권(의)	새	중한	사전

작문연습

1 주어진 단어로 문장 만들기

(1) 그는 지금 졸업 논문을 쓰고 있는 중이다.

正在 / 毕业 bìyè / 他 / 论文 lùnwén / 写

➡ ____。

(2) 박 선생은 겸손한 사람이다.

的 / 朴 Piáo / 谦虚 qiānxū / 人 / 是 / 先生

➡ ____。

(3) 이것은 그들이 제출한 작업계획이다.

这 / 提出 tíchū / 工作 / 是 / 的 / 计划 jìhuà / 他们

➡ ____。

(4) 내 친구 한 명이 오늘 중국에 간다.

中国 / 个 / 朋友 / 我 / 一 / 的 / 去 / 今天

➡ ____。

(5) 이것은 중국 경제에 대한 조사 보고이다.

关于 / 经济 / 这 / 中国 / 调查 diàochá / 是 / 报告 bàogào / 的

➡ ____。

(6) 나는 동생에게 오늘의 일기예보를 보게 했다.

今天 / 我 / 看 / 的 / 叫 / 天气 / 弟弟 / 预报 yùbào

➡ ____。

2 문장 확장 연습

(1) 나는 이 문제에 대한 그들의 견해에 동의하지 않는다.

① 나는 동의하지 않는다.

➡ ______________________________。

② 나는 그들의 견해에 동의하지 않는다.

➡ ______________________________。

③ 나는 이 문제에 대한 견해에 동의하지 않는다.

➡ ______________________________。

④ 나는 이 문제에 대한 그들의 견해에 동의하지 않는다.

➡ ______________________________。

HINT

同意 tóngyì 동의하다

看法 kànfǎ 견해, 의견

对 duì ~에 대하여

(2) 우리는 아직도 너희들이 배 위에서 한 그 말을 기억한다.

① 우리는 아직도 기억한다.

➡ ______________________________。

② 우리는 아직도 그 말을 기억한다.

➡ ______________________________。

③ 우리는 아직도 너희들이 말한 그 말을 기억한다.

➡ ______________________________。

④ 우리는 아직도 너희들이 배 위에서 한 그 말을 기억한다.

➡ ______________________________。

还 hái 아직

记得 jìde 기억하다

船 chuán 배

연습문제

◆ 다음 문장을 중국어로 작문하시오.

1. 이것은 내일 저녁 8시 영화표이다.

______________________________。

2. 이것은 내 책임이다.

______________________________。

3. 모두 다 자신의 건강에 유의해야 한다.

______________________________。

4. 그의 엄마는 영국인이고, 아빠는 미국인이다.

______________________________。

5. 이것은 나의 자전거이고, 저것은 내 친구의 자전거이다.

______________________________。

6. 나는 서점에서 세계지도 한 장을 샀다.

______________________________。

7. 우리 반에는 급우가 열 명이 있다.

______________________________。

8. 너의 아빠는 어느 은행에서 일하시니?

______________________________。

9. 나는 스웨터 하나를 사려고 한다.

______________________________。

10. 그의 사무실은 아래층에 있다.

______________________________。

HINT

电影票 diànyǐng piào 영화표

责任 zérèn 책임

注意 zhùyì 주의하다, 유의하다

书店 shūdiàn 서점

18 부사어

문장 안에서 주로 동사와 형용사를 수식하며, 어떤 동작의 진행되는 시간·장소·방법·범위·성질 및 상태의 정도를 나타내는 성분을 '**부사어**'라고 한다.
'**부사어**'는 보통 부사·형용사·전치사구 및 시간이나 장소를 나타내는 명사로 이루어진다.

1 부사어의 구성

❶ 부사가 부사어가 될 때

부사가 부사어가 될 때는 구조 조사 '**地** de'를 쓰지 않는다.

- 我 奶奶 身体 很 健康。 우리 할머니는 아주 건강하시다.
  Wǒ nǎinai shēntǐ hěn jiànkāng.
- 我 非常 同意 张 先生 的 意见。 장 선생의 의견에 나는 적극 동의한다.
  Wǒ fēicháng tóngyì Zhāng xiānsheng de yìjiàn.

❷ 형용사가 부사어가 될 때

단음절 형용사가 부사어가 될 때는 일반적으로 구조 조사 '**地**'를 쓰지 않는다. 그러나 쌍음절 형용사가 부사어가 될 때나 형용사 앞에 정도를 나타내는 부사 '**很**'·'**十分**'·'**非常**' 등이 올 때는 구조 조사 '**地**'를 써야 한다.

- 学习 汉语 应该 多 听，多 说，多 读，多 写。
  Xuéxí Hànyǔ yīnggāi duō tīng, duō shuō, duō dú, duō xiě.
  중국어를 배울 때는 많이 듣고, 많이 말하고, 많이 읽고, 많이 써야 한다.

구조 조사 地는 부사어에 붙어서 '~하게', '~적으로'의 뜻을 나타낸다.

- 张 老师 热情 地 辅导 我们 学习 汉语。
  Zhāng lǎoshī rèqíng de fǔdǎo wǒmen xuéxí Hànyǔ.
  장 선생님은 친절하게 우리들이 중국어 공부하는 것을 지도해 주신다.
- 我们 努力 (地) 学习，积极 (地) 锻炼 身体。
  Wǒmen nǔlì (de) xuéxí, jījí (de) duànliàn shēntǐ.
  우리들은 열심히 공부하고, 적극적으로 신체를 단련한다.
- 他 总是 非常 热情 地 帮助 我们。
  Tā zǒngshì fēicháng rèqíng de bāngzhù wǒmen.
  그는 항상 아주 성심껏 우리들을 도와준다.

❸ 전치사구가 부사어가 될 때

전치사와 목적어로 이루어진 전치사구는 문장 중에 쓰여 부사어가 된다.

- 我 爸爸 在 医院 工作，妈妈 在 银行 工作。
  Wǒ bàba zài yīyuàn gōngzuò, māma zài yínháng gōngzuò.
  우리 아빠는 병원에서 근무하시고, 엄마는 은행에서 근무하신다.
- 我们 从 去年 一 月 开始 学 汉语。
  Wǒmen cóng qùnián yī yuè kāishǐ xué Hànyǔ.
  우리들은 작년 1월부터 중국어를 배우기 시작했다.

❹ 시간이나 장소를 나타내는 명사가 부사어가 될 때

- 他们 明天 要 去 长城 游览。 그들은 내일 만리장성으로 유람을 간다.
  Tāmen míngtiān yào qù Chángchéng yóulǎn.
- 我们 六 点 去 吃 晚饭，好 吗? 우리 여섯 시에 저녁 먹으러 가자, 괜찮지?
  Wǒmen liù diǎn qù chī wǎnfàn, hǎo ma?

※시간 · 장소 · 범위를 나타내는 부사어는 주어 앞에 오기도 한다.

- 昨天，他们 来到 香港 了。 어제, 그들은 홍콩에 도착했다.
  Zuótiān, tāmen láidào Xiānggǎng le.
- 下午 我们 去 公园 散步。 오후에 우리는 공원에 산책하러 갑니다.
  Xiàwǔ wǒmen qù gōngyuán sànbù.

2 부사어의 종류

중국어의 부사어는 문장 안에서 나타내는 의미에 따라 다음과 같은 유형으로 나눌 수 있다.

❶ 시간을 나타내는 부사어

부사는 일반적으로 동사나 형용사 앞에 쓰이지만, 시간을 나타내는 부사어는 동사나 형용사 앞에 올 수도 있고 주어 앞에 올 수도 있다.

- 今年 我 妈妈 五十 岁 了。 올해 우리 엄마는 쉰 살이 되셨다.
  Jīnnián wǒ māma wǔshí suì le.

· 他 已经 从 北京 回到 首尔 了。
Tā yǐjīng cóng Běijīng huídào Shǒu'ěr le.
그는 이미 북경에서 서울로 돌아왔다.

· 我 从 明天 起 开始 学习 汉语。
Wǒ cóng míngtiān qǐ kāishǐ xuéxí Hànyǔ.
나는 내일부터 중국어를 배운다.

❷ 장소를 나타내는 부사어

장소를 나타내는 부사어는 어떤 동작이나 상황이 어디에서 발생하였는지를 나타낸다.

· 他 在 床 上 看 报纸 呢。
Tā zài chuáng shang kàn bàozhǐ ne.
그는 침대 위에서 신문을 보고 있다.

· 我们 在 教室 听 录音。
Wǒmen zài jiàoshì tīng lùyīn.
우리들은 교실에서 녹음을 듣는다.

❸ 정도를 나타내는 부사어

정도를 나타내는 부사어는 사람이나 사물의 모습·상태·성질 등이 어느 정도에 도달했는가를 나타낸다. 보통 형용사나 감정을 나타내는 동사를 수식할 때 쓰인다.

· 这个 孩子 很 可爱。
Zhège háizi hěn kě'ài.
이 아이는 아주 귀엽다.

· 我 特别 喜欢 景山 的 风景。
Wǒ tèbié xǐhuan Jǐngshān de fēngjǐng.
나는 특별히 경산의 풍경을 좋아한다.

· 大家 对 你 的 行为 太 失望 了。
Dàjiā duì nǐ de xíngwéi tài shīwàng le.
모두가 너의 행동에 대해서 너무 실망했다.

❹ 방법을 나타내는 부사어

방법을 나타내는 부사어는 동작이 어떻게 진행되는가를 나타낸다.

· 星期天 我们 一起 去 看 电影 了。
Xīngqītiān wǒmen yìqǐ qù kàn diànyǐng le.
일요일에 우리는 함께 영화를 보러 갔다.

· 我们 经常 互相 学习，互相 帮助。
Wǒmen jīngcháng hùxiāng xuéxí, hùxiāng bāngzhù.
우리는 늘 서로 도와가며, 공부한다.

❺ 대상을 나타내는 부사어

대상을 나타내는 부사어는 동작의 대상이나 동작의 제공자를 나타내는데, 주로 '给'·'对'·'由'·'跟'·'向' 등의 전치사로 이루어지는 전치사구가 사용된다.

- 爸爸 给 我 买 了 一 辆 自行车。 아버지는 내게 자전거 한 대를 사주셨다.
  Bàba gěi wǒ mǎi le yí liàng zìxíngchē.
- 我们 对 他 的 回答 很 满意。 우리는 그의 대답에 매우 만족한다.
  Wǒmen duì tā de huídá hěn mǎnyì.
- 代表团 由 二十 多 个 人 组成。 대표단은 이십 여 명으로 구성된다.
  Dàibiǎotuán yóu èrshí duō ge rén zǔchéng.
- 我 跟 他 说过 那 件 事。 나는 그에게 그 일을 말한 적이 있다.
  Wǒ gēn tā shuōguo nà jiàn shì.

❻ 목적을 나타내는 부사어

목적을 나타내는 부사어는 '~하기 위하여'란 뜻으로 '为'·'为了' 등이 쓰인다.

- 为 我们 的 友好 关系 干杯 吧！ 우리의 우호 관계를 위하여 건배합시다!
  Wèi wǒmen de yǒuhǎo guānxi gānbēi ba!
- 为了 学习 广东 话，我 来到 香港 了。 광동어를 배우기 위해 나는 홍콩에 왔다.
  Wèile xuéxí Guǎngdōng huà, wǒ láidào Xiānggǎng le.

❼ 원인 · 이유를 나타내는 부사어

원인·이유를 나타내는 부사어는 '~때문에'란 뜻으로 동작이 일어나게 된 원인이나 이유를 나타내며, '因为'·'由于' 등이 사용된다.

- 因为 工作，他 在 上海 住 了 半 年。 일 때문에 그는 상해에서 반 년을 살았다.
  Yīnwèi gōngzuò, tā zài Shànghǎi zhù le bàn nián.
- 他 由于 自己 的 过失 而 感到 难过。 그는 자신의 실수 때문에 괴로워한다.
  Tā yóuyú zìjǐ de guòshī ér gǎndào nánguò.

주로 많이 사용되는 부사어

시간을 나타내는 말	已经	yǐjīng	이미
	早已	zǎoyǐ	벌써
장소를 나타내는 말	~上	shàng	~위
	~下	xià	아래
	~边	biān	~쪽
	~里	lǐ	~안에
정도를 나타내는 말	很	hěn	아주
	非常	fēicháng	매우
	特别	tèbié	특별히
방법을 나타내는 말	一起	yìqǐ	함께
	互相	hùxiāng	서로
대상을 나타내는 말	给	gěi	~에게
	对	duì	~에 대하여
	由	yóu	~로
	跟	gēn	~와
	向	xiàng	~를 향하여, ~쪽으로
목적을 나타내는 말	为~	wèi	~하기 위하여
	为了~	wèile	~를 위하여
원인 · 이유를 나타내는 말	因为~	yīnwèi	~이기 때문에
	由于~	yóuyú	~이기 때문에

작문연습

1 주어진 단어로 문장 만들기

(1) 우리 형은 오늘 또 도서관에 갔다.

今天 / 去 / 又 / 我 / 哥哥 / 了 / 图书馆

➡ ______________________________。

(2) 수업이 끝나고 그는 즉시 집으로 돌아갔다.

他 / 回家 / 立刻 lìkè / 以后 / 了 / 下课 / 去

➡ ______________________________。

(3) 자동차가 갑자기 멈추어 섰다.

忽然 hūrán / 了 / 停 tíng / 车子 / 下来

➡ ______________________________。

(4) 김 군은 계획 있게 중국어를 공부한다.

有 / 小金 / 地 / 计划 jìhuà / 汉语 / 学习

➡ ______________________________。

(5) 그의 부모는 강렬하게 그의 결혼을 반대한다.

婚事 / 地 / 他 / 强烈 qiángliè / 的 / 父母 / 他 / 反对 fǎnduì

➡ ______________________________。

(6) 우리는 기계적으로 그 원칙을 적용할 수 없다.

地 / 不 / 适用 shìyòng / 那 / 我们 / 个 / 机械 jīxiè / 能 / 原则 yuánzé

➡ ______________________________。

2 문장 확장 연습

(1) 그 심사위원은 한 장 한 장 아주 자세히 본다.

① 자세히 본다.

➡ ____。

② 심사위원은 자세히 본다.

➡ ____。

③ 그 심사위원은 아주 자세히 본다.

➡ ____。

④ 그 심사위원은 한 장 한 장 아주 자세히 본다.

➡ ____。

HINT

仔细 zǐxì 자세하다
评审 píngshěn 심사하다
委员 wěiyuán 위원

(2) 그는 지금까지 그에 대한 부모님의 희망을 저버린 적이 없다.

① 부모님의 희망을 저버린 적이 있다.

➡ ____。

② 그는 부모님의 희망을 저버린 적이 없다.

➡ ____。

③ 그는 그에 대한 부모님의 희망을 저버린 적이 없다.

➡ ____。

④ 그는 지금까지 그에 대한 부모님의 희망을 저버린 적이 없다.

➡ ____。

辜负 gūfù 저버리다
希望 xīwàng 희망
从来 cónglái 지금까지

연습문제

◆ 다음 문장을 중국어로 작문하시오.

1. 동생은 아주 성실하고, 또한 아주 대담하다.

______________________________。

2. 어제 우리는 회의를 열었다.

______________________________。

3. 나는 이 일에 대해서 어떤 불만도 없다.

______________________________。

4. 저 어린 친구들은 모두 동물원에 가기를 원한다.

______________________________。

5. 이것은 아주 합리적인 방법이다.

______________________________。

6. 그는 매우 친절하게 우리들을 접대했다.

______________________________。

7. 이 일은 너하고 아무런 관계가 없다.

______________________________。

8. 그는 어제 글 한 편을 발표했다.

______________________________。

9. 우리 집 안에서 얘기하자!

______________________________!

10. 선생님은 우리에게 모든 참고서를 하나씩 소개해 주셨다.

______________________________。

HINT

认真 rènzhēn 진지하다, 성실하다

大胆 dàdǎn 대담하다

任何 rènhé 어떤, 아무런

动物园 dòngwùyuán 동물원

合理 hélǐ 합리적이다

热情 rèqíng 친절하다

接待 jiēdài 접대하다

发表 fābiǎo 발표하다, 공표하다

一一 yīyī 일일이, 하나하나

介绍 jièshào 소개하다

参考书 cānkǎoshū 참고서

19 정도 보어

동사나 형용사 뒤에 쓰여 어떤 동작의 진행되는 상황·결과·수량 등을 보충 설명하거나, 어떤 성질과 상태의 정도를 보충 설명하는 성분을 '**정도 보어**'라고 한다. '정도 보어'가 쓰인 문장의 기본 구조는 다음과 같다.

긍정문	我们老师说得很快。	주어 + 동사 + 得 + 보어
	他说汉语说得很好。	주어 + 동사 + 목적어 + 동사 + 得 + 보어
부정문	他来得不早。	주어 + 동사 + 得 + 不 + 보어
의문문	你跑得快吗?	주어 + 동사 + 得 + 보어 + 吗?
	他跑得快不快?	주어 + 동사 + 得 + 보어 + 不 + 보어?

1 정도 보어문의 긍정문

정도 보어를 쓸 때는 동사 또는 형용사 뒤에 구조 조사 '得 de'를 쓰고 그 뒤에 보어를 쓴다. 일반적으로 형용사·형용사구·동사·동사구·주술구 등이 정도 보어로 사용된다.

· 我 朋友 来 得 很 早。
Wǒ péngyou lái de hěn zǎo.
내 친구는 일찍 왔다.

· 听到 这个 好 消息, 孩子们 高兴 得 跳 了 起来。
Tīngdào zhège hǎo xiāoxi, háizimen gāoxìng de tiào le qǐlái.
이 좋은 소식을 듣고, 아이들은 기뻐서 펄쩍 뛰었다.

동사가 목적어가 있으면서 정도 보어를 쓸 때는 동사를 반복한 다음 '得'와 보어를 덧붙인다. 동사가 중복되어 쓰일 때 앞의 동사를 생략할 수 있다.

· 我 哥哥 (吃) 饭 吃 得 很 快。 우리 형은 밥을 아주 빨리 먹는다.
Wǒ gēge (chī) fàn chī de hěn kuài.

· 小王 (唱) 歌 唱 得 很 好。 왕 군은 노래를 아주 잘한다.
Xiǎowáng (chàng) gē chàng de hěn hǎo.

· 他 汉语 说 得 很 好。 그는 중국어를 아주 잘한다.
Tā Hànyǔ shuō de hěn hǎo.

목적어를 강조하거나 목적어가 비교적 길 때는 목적어를 동사 앞이나 주어 앞에 놓으며 동사를 중복해 쓰지 않아도 된다.

- 他车开得很好。
  Tā chē kāi de hěn hǎo.
  그는 운전을 아주 잘한다.
- 这本小说他翻译得很好。
  Zhè běn xiǎoshuō tā fānyì de hěn hǎo.
  이 소설을 그는 아주 잘 번역했다.
- 汉语他说得很流利。
  Hànyǔ tā shuō de hěn liúlì.
  그는 중국어를 아주 유창하게 한다.

2 정도 보어문의 부정문

정도 보어의 부정형은 술어 동사를 부정하는 것이 아니라 보어로 쓰인 형용사 등을 부정한다.

- 你翻译得不对。
  Nǐ fānyì de bú duì.
  너는 잘못 번역했다.
- 他唱歌唱得不好。
  Tā chàng gē chàng de bù hǎo.
  그는 노래를 잘 부르지 못한다.
- 我英语说得不太好。
  Wǒ Yīngyǔ shuō de bú tài hǎo.
  나는 영어를 그다지 잘하지 못한다.

3 정도 보어문의 의문문

정도 보어가 쓰인 문장에서는 정도 보어 뒤에 의문 조사 '吗'를 쓰는 방법 외에 정도 보어의 긍정형과 부정형을 병렬하여 의문을 나타낸다.

- 他跑得快吗?
  Tā pǎo de kuài ma?
  그는 빨리 달리니?
- 玛丽唱得好不好?
  Mǎlì chàng de hǎo bu hǎo?
  마리는 노래를 잘하니?
- 他排球打得好不好?
  Tā páiqiú dǎ de hǎo bu hǎo?
  그는 배구를 잘하니?

4 구조 조사 '得'가 없는 정도 보어

'极 jí'·'死 sǐ' 등은 '得' 없이도 직접 정도 보어로 사용되어 어떤 '정도'나 '상태'가 극단적인 상황에 이른 것을 나타내는데, 이런 정도 보어가 쓰인 문장 끝에는 '了'를 붙이는 것이 자연스럽다.

- 我们 高兴 极 了。 Wǒmen gāoxìng jí le. — 우리는 대단히 기쁘다.
- 北京 烤鸭 好吃 极 了。 Běijīng kǎoyā hǎochī jí le. — 북경 오리 구이는 정말로 맛있다.
- 一 天 没 吃 饭，我 饿死 了！ Yì tiān méi chī fàn, wǒ èsǐ le! — 하루 종일 밥을 안 먹어서 나 배고파 죽겠어!
- 我 累死 了！ Wǒ lèisǐ le! — 나는 피곤해 죽겠어!

알아맞혀 보세요!

东 一 片，
Dōng yí piàn,
동쪽에 하나,

西 一 片，
xī yí piàn,
서쪽에 하나,

到 老 不 相 见。
dào lǎo bù xiāng jiàn.
늙을 때까지 서로 볼 수 없대요.

작문연습

1 주어진 단어로 문장 만들기

(1) 그는 소개를 아주 잘한다.

他 / 得 / 很 / 介绍 / 好

➡ ______________________________。

(2) 그녀의 집은 아주 예쁘게 꾸며져 있다.

布置 bùzhì / 家 / 得 / 她 / 漂亮 / 很 / 的

➡ ______________________________。

(3) 너희들은 정확하게 들었니?

听 / 清楚 qīngchu / 你们 / 不 / 得 / 清楚

➡ ______________________________?

(4) 오늘 날씨가 아주 덥다.

极 / 热 / 今天 / 了 / 天气

➡ ______________________________。

(5) 그녀는 피아노를 아주 잘 친다.

钢琴 gāngqín / 弹 tán / 她 / 很 / 得 / 好 / 弹

➡ ______________________________。

(6) 김 선생은 중국어를 어느 정도 합니까?

汉语 / 得 / 怎么样 / 金先生 / 说

➡ ______________________________?

2 문장 확장 연습

(1) 그들은 어떤 때에는 조금의 짬도 없을 정도로 바쁘다.

① 그들은 바쁘다.

➡ ____。

② 그들은 조금의 짬도 없다.

➡ ____。

③ 그들은 조금의 짬도 없을 정도로 바쁘다.

➡ ____。

④ 그들은 어떤 때에는 조금의 짬도 없을 정도로 바쁘다.

➡ ____。

HINT

一点儿 yìdiǎnr 조금, 약간

空儿 kòngr 틈, 짬

有时 yǒushí 어떤 때는

(2) 그는 어제 성이 나서 저녁밥조차 먹지 않았다.

① 그는 저녁밥을 먹지 않았다.

➡ ____。

② 그는 저녁밥조차 먹지 않았다.

➡ ____。

③ 그는 성이 나서 저녁밥조차 먹지 않았다.

➡ ____。

④ 그는 어제 성이 나서 저녁밥조차 먹지 않았다.

➡ ____。

晚饭 wǎnfàn 저녁밥

连~都 lián~dōu ~조차도

气 qì 성나다

昨天 zuótiān 어제

연습문제

◆ 다음 문장을 중국어로 작문하시오.

HINT

1. 그는 중국어를 유창하게 잘한다.

______________________________。

流利 liúlì 유창하다

2. 우리 아버지는 일찍 주무시지 않는다.

______________________________。

3. 어제 너는 늦게 왔니?

______________________________?

4. 너는 탁구를 어느 정도 치니?

______________________________?

乒乓球 pīngpāngqiú 탁구

5. 우리 할아버지는 매일 아주 일찍 일어나신다.

______________________________。

爷爷 yéye 할아버지

6. 그는 한자를 중국인처럼 빠르게 쓴다.

______________________________。

跟~ 一样 gēn~ yíyàng ~처럼, ~와 같이

7. 그 영화를 보고 그녀는 눈물을 흘릴 정도로 감동했다.

______________________________。

流泪 liúlèi 눈물을 흘리다

8. 그는 틀리게 대답했다.

______________________________。

9. 너는 한자를 잘 쓰니?

______________________________?

10. 그의 말에 모두가 웃기 시작했다.

______________________________。

笑 xiào 웃다

20 결과 보어

동사 뒤에 쓰여 동작의 결과를 보충 설명하는 성분을 '**결과 보어**'라고 한다. 결과 보어가 사용된 문장의 기본 형식은 다음과 같다.

긍정문	我们应该要学好汉语。	주어 + 동사 + 결과보어 + 목적어
	我以前写错过这个字。	주어 + 동사 + 결과보어 + 过 + 목적어
	我看完了那本小说了。	주어 + 동사 + 결과보어 + 了 + 목적어
부정문	我们今天没有看见他。	주어 + 没有 + 동사 + 결과보어 + 목적어
의문문	他学会开车了吗?	주어 + 동사 + 결과보어 + 목적어 + 了 + 吗?
	他学会开车没有?	주어 + 동사 + 결과보어 + 목적어 + 没有?

1 결과 보어 문장의 긍정문

결과 보어는 동사와 늘 붙어 다니기 때문에 하나의 동사처럼 사용되므로 그 사이에 어떤 말도 들어갈 수 없다. 그래서 동작의 태(态)를 나타내는 동태 조사 '了'나 '过', 목적어 등은 모두 결과 보어 뒤에 놓는다.

· 我 把 那 篇 文章 写完 了。 나는 그 글을 다 썼다.
Wǒ bǎ nà piān wénzhāng xiěwán le.

· 老师 说 的 话 你 听懂 了 吗? 선생님이 하신 말씀 너는 알아들었니?
Lǎoshī shuō de huà nǐ tīngdǒng le ma?

· 我 以前 写错 过 这个 字。 나는 이전에 이 글자를 잘못 쓴 적이 있다.
Wǒ yǐqián xiěcuò guo zhège zì.

2 결과 보어 문장의 부정문

결과 보어가 쓰인 구문은 동작이 이미 완료되었음을 의미하므로 부정은 '没(有)'를 써서 나타낸다.

- 我 今天 没 有 看见 他。　나는 오늘 그를 보지 못했다.
  Wǒ jīntiān méi yǒu kànjiàn tā.
- 你 说 得 太 快，我 没 有 听懂。　당신이 말을 너무 빨리 해서 나는 알아듣지 못했습니다.
  Nǐ shuō de tài kuài, wǒ méi yǒu tīngdǒng.
- 我 还 没 有 学会 开 汽车。　나는 아직 운전하는 걸 배우지 못했다.
  Wǒ hái méi yǒu xuéhuì kāi qìchē.

단, 그 동작이 가정이나 조건, 의지나 원망 등을 나타낼 때는 '不'를 사용할 수 있다.

- 你 不 写 清楚，我们 怎么 看?
  Nǐ bù xiě qīngchu, wǒmen zěnme kàn?
  네가 글씨를 잘 쓰지 않으면 우리가 어떻게 보겠니?
- 我 不 做完 作业 就 不 去 玩儿。
  Wǒ bú zuòwán zuòyè jiù bú qù wánr.
  나는 숙제를 끝내지 않으면 놀러 가지 않겠다.
- 你 不 说 清楚，我 不 能 走。
  Nǐ bù shuō qīngchu, wǒ bù néng zǒu.
  당신이 분명히 말하지 않으면, 나는 갈 수가 없어요.

3 결과 보어 문장의 의문문

의문조사 '吗'를 쓸 수도 있고 정반 의문문으로도 나타낼 수 있다. 이때 정반 의문문은 '동사 + 결과 보어(了) + 吗' 또는 '동사 + 결과 보어(了) + 没有'로 이루어진다.

- 你 作业 都 写完 了 吗?　너 숙제 다 썼니?
  Nǐ zuòyè dōu xiěwán le ma?
- 他 的 电话 号码 你 找着 了 吗?　너 그 사람의 전화번호 찾았니?
  Tā de diànhuà hàomǎ nǐ zhǎozháo le ma?
- 那 篇 文章 你 看完 了 没 有?　그 글을 너는 다 보았니?
  Nà piān wénzhāng nǐ kànwán le méi yǒu?
- 你 学会 骑 自行车 没 有?　너는 자전거 타는 법을 배웠니?
  Nǐ xuéhuì qí zìxíngchē méi yǒu?

4 결과 보어로 사용되는 주요동사

결과 보어로 사용되는 동사에는 다음과 같은 것들이 있다.

① 成 chéng 어떤 사물이나 상태가 변하여 다른 것이 되다.

· 树叶 都 变成 红 的 了。 나뭇잎이 모두 붉게 변했다.
Shùyè dōu biànchéng hóng de le.

· 我们 把 这 篇 文章 翻译成 韩文 了。 우리는 이 글을 한국어로 번역했다.
Wǒmen bǎ zhè piān wénzhāng fānyì chéng Hánwén le.

② 到 dào 동작을 통해 ~까지 도달하다.

· 昨天 我 买到 了 那 本 书。 어제 나는 그 책을 샀다.
Zuótiān wǒ mǎidào le nà běn shū.

· 他们 回到 北京 去 了。 그들은 북경으로 돌아갔다.
Tāmen huídào Běijīng qù le.

③ 懂 dǒng 동작이나 행위의 결과를 통해 어떤 사실을 알거나 이해하게 되다.

· 我们 都 听懂 了 汉语 老师 的 话。 우리는 중국어 선생님의 말을 모두 알아들었다.
Wǒmen dōu tīngdǒng le Hànyǔ lǎoshī de huà.

· 我 能 看懂 这 本 中文 小说。 나는 이 중국 소설을 읽고 이해할 수 있다.
Wǒ néng kàndǒng zhè běn Zhōngwén xiǎoshuō.

④ 会 huì 어떤 동작을 배워서 터득하거나 할 수 있게 되다.

· 我 学会 太极拳 了。 나는 태극권을 배웠다.
Wǒ xuéhuì tàijíquán le.

· 姐姐 学会 骑 自行车 了。 누나는 자전거 타는 것을 배웠다.
Jiějie xuéhuì qí zìxíngchē le.

⑤ 见 jiàn 시각 · 청각 및 후각 등의 감각을 통해서 어떤 대상을 알아보거나 이미 느꼈음을 나타낸다.

A：你 看见 他 了 吗? 너 그 사람 봤니?
Nǐ kànjiàn tā le ma?

B：看见 了。 봤어.
kànjiàn le.

· 他 没 有 注意 听，所以 没 有 听见 我 刚才 说 的 话。
Tā méi yǒu zhùyì tīng, suǒyǐ méi yǒu tīngjiàn wǒ gāngcái shuō de huà.
그는 주의해서 듣지 않았기 때문에 (그래서) 내가 방금 한 말을 듣지 못했다.

감각을 나타내는 동사

看见	kànjiàn	보다	**望见**	wàngjiàn	바라보다
闻见	wénjiàn	냄새를 맡다	**听见**	tīngjiàn	듣다

❻ 在 zài 어떤 동작이나 행위를 통해 어느 일정한 장소에 존재하다.

· 我们 都 住在 首尔。 우리는 모두 서울에 살아요.
Wǒmen dōu zhùzài Shǒu'ěr.

· 他 把 那 本 汉韩 词典 放在 桌子 上 了。
Tā bǎ nà běn Hànhán cídiǎn fàngzài zhuōzi shang le.
그는 그 중한사전을 책상 위에 놓았다.

❼ 着 zháo 동작이나 행위가 예상했던 어떤 목적을 달성했거나 성과를 이루다.

· 我 终于 找着 了 那个 东西。 나는 결국 그 물건을 찾았다.
Wǒ zhōngyú zhǎozháo le nàge dōngxi.

· 他们 好不 容易 买着 了 今天 的 电影 票。
Tāmen hǎobù róngyì mǎizháo le jīntiān de diànyǐng piào.
그들은 간신히 오늘 상영하는 영화표를 샀다.

❽ 住 zhù 어떤 동작이나 행위를 통해 그 동작이나 그 동작의 대상을 일정한 장소에 고정시켜 그 결과가 유지되다.

· 你 好好 记住，别 忘 了。 너 잘 기억하고 잊지 마라.
Nǐ hǎohāo jìzhù, bié wàng le.

· 那个 孩子 捉住 了 一 只 蝴蝶。 그 아이는 나비 한 마리를 붙잡았다.
Nàge háizi zhuōzhù le yì zhī húdié.

❾ 完 wán 동작이나 행위가 끝나거나 완료되다.

· 我 写完 了 今天 的 日记。 나는 오늘의 일기를 다 썼다.
Wǒ xiěwán le jīntiān de rìjì.

· 他们 吃完 饭，就 去 看 电影 了。 그들은 밥을 먹고 나서 곧바로 영화를 보러 갔다.
Tāmen chīwán fàn, jiù qù kàn diànyǐng le.

⑩ 上 shàng 동작이나 행위를 통해 어떤 장소에 부착되거나 결과가 남다.

· 请 把 窗户 关上。 창문을 닫아 주십시오.
Qǐng bǎ chuānghu guānshàng.

· 请 写上 您 的 名字 吧。 당신의 이름을 써 넣으십시오.
Qǐng xiěshàng nín de míngzi ba.

⑪ 开 kāi 동작이나 행위를 통해 분리 또는 이동, 개방되다.

· 开开 窗户 吧，教室 里 太 热 了。 창문을 열어라, 교실 안이 너무 덥다.
Kāikāi chuānghu ba, jiàoshì li tài rè le.

· 请 打开 书，翻到 第 五十九 页。 책을 펴서 59쪽을 보세요.
Qǐng dǎkāi shū, fāndào dì wǔshíjiǔ yè.

⑫ 给 gěi 어떤 대상에게 무엇인가를 넘겨주다.

· 学生们 把 上 个 星期 的 作业 交给 老师 了。
Xuéshengmen bǎ shàng ge xīngqī de zuòyè jiāogěi lǎoshī le.
학생들은 지난 주의 숙제를 선생님께 제출했다.

· 爸爸 从 北京 寄给 了 我 一 封 信。
Bàba cóng Běijīng jìgěi le wǒ yì fēng xìn.
아빠는 북경에서 내게 편지 한 통을 보내셨다.

5 결과 보어로 사용되는 주요 형용사

① 好 hǎo 어떤 동작을 통해 바라던 결과를 얻어 만족한 상태가 되다.

· 那么 多 的 书 他 都 整理 好 了。 그렇게 많은 책을 그는 모두 정리했다.
Nàme duō de shū tā dōu zhěnglǐ hǎo le.

· 我 已经 修好 了 我 弟弟 的 自行车。 나는 이미 동생의 자전거를 다 수리했다.
Wǒ yǐjīng xiūhǎo le wǒ dìdi de zìxíngchē.

❷ 干净 gānjìng 어떤 동작을 통해 깨끗한 결과에 도달하다.

· 妈妈 洗 干净 了 我 的 衬衫。 엄마는 내 셔츠를 깨끗하게 세탁했다.
Māma xǐ gānjìng le wǒ de chènshān.

· 我 擦 干净 了 黑板。 나는 칠판을 깨끗이 지웠다.
Wǒ cā gānjìng le hēibǎn.

❸ 清楚 qīngchu 어떤 동작을 분명하게 표현하거나 인지하다.

· 我 没 有 听 清楚 张 老师 说 的 话。
Wǒ méi yǒu tīng qīngchu Zhāng lǎoshī shuō de huà.
나는 장 선생님이 하는 말을 분명히 듣지 못했다.

· 你 把 话 说 清楚，不 要 吞吞吐吐 的。
Nǐ bǎ huà shuō qīngchu, bú yào tūntūntǔtǔ de.
너 말을 정확하게 해, 우물쭈물 하지 말고.

❹ 错 cuò 어떤 동작의 결과가 틀리다.

· 我们 这里 不 是 医院，你 拨错 号码 了。
Wǒmen zhèli bú shì yīyuàn, nǐ bōcuò hàomǎ le.
여기는 병원이 아닙니다, 전화를 잘못 거셨어요.

· 这个 字 你 写错 了。
Zhège zì nǐ xiěcuò le.
이 글자 너 잘못 썼어.

❺ 对 duì 어떤 동작의 결과가 옳거나 정확하다. (错의 반대개념)

· 这些 汉字 他 都 写对 了。 이 한자들을 그는 모두 정확하게 썼다.
Zhèxiē Hànzì tā dōu xiěduì le.

· 这个 谜语 你 猜对 了。 이 수수께끼 네가 맞췄어.
Zhège míyǔ nǐ cāiduì le.

작문연습

1 주어진 단어로 문장 만들기

(1) 우리는 매일 밤 12시까지 공부한다.

每天 / 学 / 十二点 / 我们 / 到 / 晚上 / 钟

➡ ______________________________。

(2) 우리는 이미 그곳의 상황을 상세히 물어보았다.

已经 / 了 / 打听 dǎtīng / 那儿 / 清楚 / 的 / 我们 / 情况 qíngkuàng

➡ ______________________________。

(3) 나는 아직 그 중문 소설을 다 읽지 못했다.

还 / 我 / 完 / 那 / 中文 / 没有 / 小说 / 看 / 本

➡ ______________________________。

(4) 그는 한참을 찾은 후에야 겨우 비행기표를 찾아냈다.

半天 / 了 / 找 / 才 / 到 / 他 / 机票 / 了 / 找

➡ ______________________________。

(5) 그는 그 문제에 맞게 대답했다.

他 / 了 / 答 / 个 / 那 / 问题 / 对

➡ ______________________________?

(6) 나는 선생님의 말을 알아듣지 못했다.

没 / 我 / 老师 / 听 / 的 / 懂 / 话

➡ ______________________________。

2 문장 확장 연습

(1) 나는 네가 내게 준 그 중국어 화보를 아직 다 못 봤다.

① 나는 그 화보를 다 봤다.

➡ ______________________________。

② 나는 그 화보를 다 못 봤다.

➡ ______________________________。

③ 나는 네가 내게 준 그 화보를 아직 다 못 봤다.

➡ ______________________________。

④ 나는 네가 내게 준 그 중국어 화보를 아직 다 못 봤다.

➡ ______________________________。

(2) 나는 길에서 여러 해 동안 못 봤던 한 친구를 우연히 만났다.

① 나는 한 친구를 우연히 만났다.

➡ ______________________________。

② 나는 길에서 한 친구를 우연히 만났다.

➡ ______________________________。

③ 나는 여러 해 동안 못 봤던 한 친구를 우연히 만났다.

➡ ______________________________。

④ 나는 길에서 여러 해 동안 못 봤던 한 친구를 우연히 만났다.

➡ ______________________________。

HINT

看完 kànwán 다 보다

画报 huàbào 화보

遇见 yùjiàn 우연히 만나다

路 lù 길

多年 duōnián 여러 해

연습문제

◆ 다음 문장을 중국어로 작문하시오.

1. 나뭇잎이 모두 빨갛게 변했다.

______________________________。

2. 우리는 이 책을 중국어로 번역했다.

______________________________。

3. 우리는 제 5과까지 배웠다.

______________________________。

4. 내 동생은 자전거를 탈 줄 알게 되었다.

______________________________。

5. 어제 나는 백화점에서 그를 보았다.

______________________________。

6. 방안의 공기가 안 좋으니 창문을 열어 주세요.

______________________________。

7. 나는 이 책과 잡지를 모두 다 읽었다.

______________________________?

8. 그는 선생님 옆에 앉아 있다.

______________________________。

9. 오늘은 여기까지 설명하겠습니다.

______________________________。

10. 아이들이 잃어버린 물건을 모두 찾았다.

______________________________。

HINT

丢 diū 잃어버리다

21 방향 보어

어떤 동작이나 행위에 따라 사람이나 사물이 이동하는 방향을 나타내는 보어를 '**방향 보어**'라고 한다. 방향 보어에는 '단순 방향 보어'와 '복합 방향 보어'가 있다.

방향 보어	단순 방향 보어
	복합 방향 보어

1 단순 방향 보어

동사 '来'와 '去'는 다른 동사 뒤에 쓰여 동작이 행해지는 방향을 나타내는데 이를 '단순 방향 보어'라고 한다. 이때 동작이 말하는 사람 또는 서술하는 대상 쪽으로 올 때는 '来'를 쓰고, 동작이 상대방을 향해서 이루어지거나 말하는 사람으로부터 멀어져 갈 때는 '去'를 쓴다.

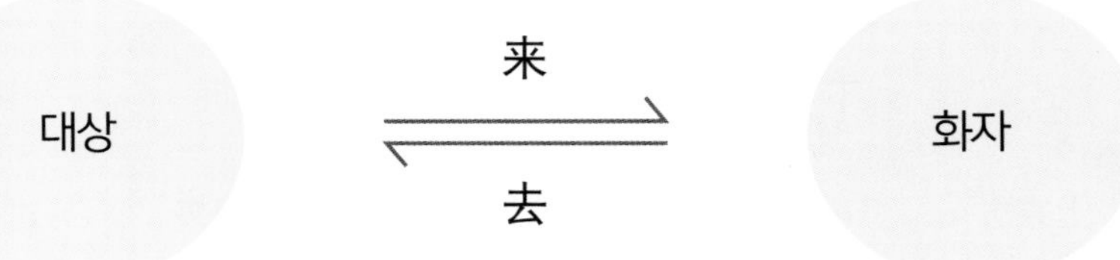

· 外边 很 冷，快 进来 吧。
Wàibian hěn lěng, kuài jìnlái ba.
밖이 몹시 추우니 빨리 안으로 들어와라.

· 我们 的 老师 出去 了。
Wǒmen de lǎoshī chūqù le.
우리 선생님이 나가셨다.

목적어가 일반적인 사물을 나타내는 단어나 단어구일 때에도 보통 목적어는 동사와 방향 보어 사이에 놓는다. 또 동사의 목적어가 '장소'를 나타내는 단어나 단어구일 때도 일반적으로 동사와 '방향보어'사이에 목적어를 놓는다.

동사 + 목적어(장소) + 방향 보어

· 明天 游览 长城，我 带 照相机 去。
Míngtiān yóulǎn Chángchéng, wǒ dài zhàoxiàngjī qù.
내일 만리장성을 유람할 때, 나는 카메라를 가지고 갈 거다.

· 我 爸爸 送 客人 去 了。 우리 아빠는 손님을 배웅하러 가셨다.
Wǒ bàba sòng kènrén qù le.

· 他 回 宿舍 去 了。 그는 기숙사로 돌아갔다.
Tā huí sùshè qù le.

· 我们 的 老师 进 教室 来 了。 우리 선생님이 교실로 들어오셨다.
Wǒmen de lǎoshī jìn jiàoshì lái le.

2 복합 방향 보어

동사 '上·下·进·出·回·过·起' 등이 단순 방향 보어 '来'나 '去'와 결합된 후 다른 동사의 보어가 되는 것을 '복합 방향 보어'라고 한다.

	上	下	进	出	回	过	起
来	上来 올라오다	下来 내려오다	进来 들어오다	出来 나오다	回来 돌아오다	过来 다가오다	起来 일어나다
去	上去 올라가다	下去 내려가다	进去 들어가다	出去 나가다	回去 돌아가다	过去 다가가다	—

· 老师 从 外边 走 进来 了。 선생님이 밖에서 걸어 들어오셨다.
Lǎoshī cóng wàibian zǒu jìnlái le.

· 他 从 办公室 里 走 出来 了。 그는 사무실에서 걸어나왔다.
Tā cóng bàngōngshì li zǒu chūlái le.

'복합 방향 보어'를 갖는 동사 뒤에 만약 '장소'를 나타내는 목적어가 오게 되면 반드시 '来'나 '去' 앞에 놓아야 한다.

· 我 朋友 走进 图书馆 来 了。 내 친구는 도서관으로 들어왔다.
Wǒ péngyou zǒujìn túshūguǎn lái le.

· 我 想 爬上 长城 去 看看。
Wǒ xiǎng páshàng Chángchéng qù kànkan.
나는 만리장성에 올라가 보고 싶다.

3 복합 방향 보어의 확장용법

방향 보어는 방향을 나타내는 것 외에도 다양한 용법이 있다.

A. 起来

❶ 어떤 동작이나 상황이 시작되어 계속되는 것을 나타낸다.

· 听 了 这个 故事，大家 都 笑 起来 了。
Tīng le zhège gùshi, dàjiā dōu xiào qǐlái le.
이 얘기를 듣고 모두가 웃기 시작했다.

· 大家 都 忙 了 起来。
Dàjiā dōu máng le qǐlái.
모두가 바빠졌다.

· 天气 渐渐 暖和 起来 了。
Tiānqì jiànjiàn nuǎnhuo qǐlái le.
날씨가 점점 따뜻해졌다.

❷ 분산된 상태에서 집중되는 것을 나타낸다.

· 不 用 的 书 我 都 收 起来 了。
Bú yòng de shū wǒ dōu shōu qǐlái le.
쓸데없는 책들을 나는 모두 치웠다.

· 售货员 把 我 买 的 东西 包 起来 了。
Shòuhuòyuán bǎ wǒ mǎi de dōngxi bāo qǐlái le.
점원은 내가 산 물건을 포장했다.

❸ 동작의 완료를 나타낸다.

· 你 说 的 那 件 事，我 想 起来 了。
Nǐ shuō de nà jiàn shì, wǒ xiǎng qǐlái le.
네가 말하는 그 일, 나 생각이 났어.

· 警察 把 那个 小偷 抓 了 起来。
Jǐngchá bǎ nàge xiǎotōu zhuā le qǐlái.
경찰은 그 소매치기를 붙잡았다.

❸ 동사와 함께 삽입어(插入语)가 되어 계량·추측 등의 의미를 나타내며, '~해 보니'·'~하니'·'~해 보면' 등으로 해석된다. 이러한 용법으로 자주 쓰이는 동사에는 '看'·'说'·'想'·'听'·'算 suàn' 등이 있다.

· 看 起来，事情 不 会 那么 顺利。 보아하니, 일이 그렇게 순조롭게 풀릴 것 같지 않다.
Kàn qǐlái, shìqing bú huì nàme shùnlì.

· 算 起来，我们 分别 十五 年 了。 헤아려 보니 우리가 헤어진 지 15년이 되었다.
Suàn qǐlái, wǒmen fēnbié shíwǔ nián le.

· 这 件 事 说 起来 容易，做 起来 难。 이 일은 말하기는 쉬워도 실천하기는 어렵다.
Zhè jiàn shì shuō qǐlái róngyì, zuò qǐlái nán.

B. 下来

❶ 동작을 통해 사물이 분리되어 이탈하는 것을 나타낸다.

· 请 把 大衣 脱 下来，挂在 衣架 上。 코트를 벗어서 옷걸이에 거세요.
Qǐng bǎ dàyī tuō xiàlái, guàzài yījià shang.

· 李 先生 撕 下来 一 张 日历。 이 선생은 일력 한 장을 찢어냈다.
Lǐ xiānsheng sī xiàlái yì zhāng rìlì.

❷ 동작을 통해 사물을 어떤 장소에 고정시키거나 사람을 어느 장소에 머무르게 하는 것을 나타낸다.

· 汽车 停 下来 了。 자동차가 멈춰 섰다.
Qìchē tíng xiàlái le.

· 请 把 电话 号码 记 下来。 전화번호를 받아 적으세요.
Qǐng bǎ diànhuà hàomǎ jì xiàlái.

❸ 어떤 동작이나 상태가 과거로부터 현재까지 계속 이어지는 것을 나타낸다.

· 从 古代 传 下来 的 这个 故事 很 有意思。
Cóng gǔdài chuán xiàlái de zhège gùshi hěn yǒuyìsi.
옛부터 전해내려온 이 이야기는 아주 재미있다.

· 学 汉语 的 学生 都 坚持 下来 了。
Xué Hànyǔ de xuésheng dōu jiānchí xiàlái le.
중국어를 배우는 학생들은 모두 열심히 공부해오고 있다.

C. 下去

동사와 같이 쓰면 현재 진행중인 동작이 계속되는 것을 나타내고, 형용사와 같이 쓰면 어떤 상태나 상황이 계속되는 것을 나타낸다.

· 这个 故事 很 有意思，请 你 说 下去 吧！
Zhège gùshi hěn yǒuyìsi, qǐng nǐ shuō xiàqù ba!
이 얘기 아주 재미있네요, 계속 얘기해 주세요!

请你说下去吧!

· 我们 这样 做 下去，很 快 就 能 干完 了。
Wǒmen zhèyàng zuò xiàqù, hěn kuài jiù néng gànwán le.
우리가 이렇게 해나간다면, 금방 다 끝마칠 수 있을 거야.

· 天气 再 冷 下去，就 不 能 在 室外 工作 了。
Tiānqì zài lěng xiàqù, jiù bù néng zài shìwài gōngzuò le.
날씨가 계속 추워지면, 밖에서 일을 할 수가 없을 거야.

· 再 这样 旱 下去，就 没 水 喝 了。
Zài zhèyàng hàn xiàqù, jiù méi shuǐ hē le.
날이 이렇게 계속 가물면, 먹을 물이 없어지게 될 거야.

D. 出来

❶ 어떤 사물이나 상황이 동작을 통해 출현하게 되는 것을 나타낸다.

· 我们 已经 把 这 篇 文章 翻译 出来 了。
Wǒmen yǐjīng bǎ zhè piān wénzhāng fānyì chūlái le.
우리는 이미 이 글을 번역해냈다.

· 他们 把 房子 的 式样 设计 出来 了。
Tāmen bǎ fǎngzi de shìyàng shèjì chūlái le.
그들은 집의 양식을 설계해냈다.

❷ 동작을 통해 어떤 사실이나 상태를 식별하고 인식해 내는 것을 나타낸다.

· 他 汉语 说 得 很 好，我 没 有 听 出来 他 是 个 外国人。
Tā Hànyǔ shuō de hěn hǎo, wǒ méi yǒu tīng chūlái tā shì ge wàiguórén.
그는 중국어를 아주 잘해서 난 그가 외국인이라는 걸 알지 못했다.

· 这儿 有 一 个 错字，你们 看 出来 了 吗?
Zhèr yǒu yí ge cuòzì, nǐmen kàn chūlái le ma?
여기에 틀린 글자가 하나 있는데, 너희들 알아봤니?

E. 过去

지각(知觉)이나 원래 있던 상태, 또는 정상적인 상태를 잃어버리는 것을 나타낸다.

· 他 连 一 句 话 都 没 说完 就 昏 过去 了。
Tā lián yí jù huà dōu méi shuōwán jiù hūn guòqù le.
그는 한 마디 말도 마치지 못하고 기절을 했다.

· 病人 晕 过去 了 好 几 次。
Bìngrén yūn guòqù le hǎo jǐ cì.
환자는 몇 번이나 정신을 잃었다.

F. 过来

지각(知觉)을 회복하거나 원래 상태로 회복되는 것을 나타낸다.

· 请 大家 把 本子 上 的 错字 改 过来。
Qǐng dàjiā bǎ běnzi shang de cuòzì gǎi guòlái.
여러분 공책 속의 틀린 글자를 고쳐 쓰세요.

· 病人 在 床 上 躺 了 二十一 小时 才 醒 过来 了。
Bìngrén zài chuáng shang tǎng le èrshíyī xiǎoshí cái xǐng guòlái le.
환자는 스물 한 시간이 지나서야 비로소 의식을 회복했다.

알아맞혀 보세요!

一 只 箱，
Yì zhī xiāng,
상자 하나가,

真 奇 怪，
zhēn qí guài,
정말 이상해요,

肮 脏 的 进 去，
āng zāng de jìn qù,
더러운 것이 들어가고,

干 净 的 出 来。
gān jìng de chū lái.
깨끗한 것이 나와요.

작문연습

1 주어진 단어로 문장 만들기

(1) 호텔 종업원은 내 짐을 가지고 내려왔다.

服务员 fúwùyuán / 我 / 下来 / 的 / 饭店 fàndiàn / 行李 xíngli / 拿 / 的 / 了 / 把

➡ ______________________________。

(2) 학생들은 즉각 교실에서 뛰어나왔다.

立刻 / 学生们 / 教室 / 跑 / 了 / 从 / 出来

➡ ______________________________。

(3) 그녀의 얼굴은 금방 빨개지기 시작했다.

的 / 马上 / 起来 / 她 / 红 / 脸 liǎn / 了

➡ ______________________________。

(4) 내 친구가 많은 과일을 사 가지고 왔다.

我 / 买 / 了 / 很 / 朋友 / 多 / 来 / 水果

➡ ______________________________。

(5) 내 중국어 사전은 누가 빌려갔니?

我 / 谁 / 词典 / 借 / 了 / 的 / 走 / 汉语

➡ ______________________________。

(6) 그는 책꽂이에서 몇 권의 영문 소설을 꺼냈다.

他 / 书架上 / 拿 / 几 / 从 / 下 / 来 / 英文 / 本 / 小说

➡ ______________________________。

2 문장 확장 연습

(1) 50세 정도의 한 여자가 휴대폰을 들고 사무실로 들어왔다.

① 한 여자가 사무실로 들어왔다.

➡ ______________________________。

② 한 여자가 휴대폰을 들고 사무실로 들어왔다.

➡ ______________________________。

③ 50세 정도의 여자가 사무실로 들어왔다.

➡ ______________________________。

④ 50세 정도의 한 여자가 휴대폰을 들고 사무실로 들어왔다.

➡ ______________________________。

HINT

妇女 fùnǚ 여자
办公室 bàngōngshì 사무실
手机 shǒujī 휴대폰
左右 zuǒyòu 정도

(2) 영화관에서 나는 옛 친구를 보자 즉시 뛰어가 그와 악수를 했다.

① 영화관에서 나는 옛 친구를 만났다.

➡ ______________________________。

② 나는 즉시 뛰어갔다.

➡ ______________________________。

③ 나는 그와 악수를 했다.

➡ ______________________________。

④ 영화관에서 나는 옛 친구를 보자 즉시 뛰어가 그와 악수를 했다.

➡ ______________________________。

电影院 diànyǐngyuàn 영화관
立刻 lìkè 즉각, 즉시
握手 wòshǒu 악수하다
老 lǎo 오래된

연습문제

A. 단순 방향 보어

1. 우리 선생님이 들어오셨다.

____。

2. 우리 선생님이 나가셨다.

____。

3. 그녀가 올라왔다.

____。

4. 우리는 내려갔다.

____。

5. 우리 선생님이 교실로 들어오셨다.

____。

6. 아버지가 윗층으로 올라오셨다.

____。

7. 그는 자주 상해에 간다.

____。

8. 수업이 끝난 후에, 우리는 모두 기숙사로 돌아갔다.

____。

9. 내일 만리장성에 유람을 가는데, 나는 카메라를 가지고 갈 것이다.

____。

10. 나는 존에게 전화를 걸었다.

____。

HINT

上海 Shànghǎi
상해

游览 yóulǎn
유람하다

约翰 Yuēhàn 존

B. 복합 방향 보어

1. 그는 도서관으로 걸어 들어왔다.

________________________________。

2. 너의 사진을 꺼내어 모두에게 좀 보여줘라.

________________________________。

3. 그는 만리장성을 올라갔다.

________________________________。

4. 자동차는 다리를 지나갔다.

________________________________。

5. 그녀는 위층에서 뛰어 내려왔다.

________________________________。

6. 날씨가 점점 따뜻해지기 시작했다.

________________________________。

7. 그의 말을 듣고 모두가 웃기 시작했다.

________________________________。

8. 쓸데없는 물건들을 나는 모두 정리했다.

________________________________。

9. 이 얘기가 재미있으니 계속 이야기해 줘.

________________________________。

10. 우리는 이미 이 문장을 번역해냈다.

________________________________。

HINT

照片 zhàopiàn 사진

桥 qiáo 다리

渐渐 jiànjiàn 점점

暖和 nuǎnhuo 따뜻하다

22 가능 보어

어떤 동작을 통한 결과의 실현 가능성 여부를 표현하는 보어를 '**가능 보어**'라고 한다. 가능 보어가 긍정일 때에는 동사와 결과 보어 또는 방향 보어 사이에 구조 조사 '得'를 넣고, 부정일 때는 '不'를 넣는다. 가능 보어를 사용하는 문장의 기본 구조는 다음과 같다.

긍정문	我们看得懂。	동사 + 得 + 결과 보어
	我们爬得上去。	동사 + 得 + 방향 보어
부정문	我们看不懂	동사 + 不 + 결과 보어
	我们爬不上去。	동사 + 不 + 방향 보어
의문문	你们看得懂吗?	긍정형 + 吗?
	你们看不懂吗?	부정형 + 吗?
	你们看得懂看不懂?	긍정형 + 부정형?

1 가능 보어 문장의 긍정문

동사와 결과 보어 또는 방향 보어 사이에 구조 조사 '得'를 넣는다. 가능 보어가 쓰인 문장에 목적어가 올 때는 일반적으로 가능 보어 뒤에 놓는다. 그러나 목적어가 비교적 길 때에는 동사 앞으로 이끌어내기도 한다.

- 这篇文章不太难，我们看得懂。
  Zhè piān wénzhāng bú tài nán, wǒmen kàn de dǒng.
  이 글은 그다지 어렵지 않아서 우리는 알아볼 수 있다.
- 那座山不高，我们爬得上去。
  Nà zuò shān bù gāo, wǒmen pá de shàngqù.
  저 산은 높지 않아서 우리가 올라갈 수 있다.
- 我们都听得懂韩语。
  Wǒmen dōu tīng de dǒng Hányǔ.
  우리는 모두 한국어를 알아들을 수 있다.
- 大概的意思你肯定看得懂。
  Dàgài de yìsi nǐ kěndìng kàn de dǒng.
  대략의 의미를 넌 분명히 알아볼 수 있을 거야.

가능 보어의 긍정문

동사 + 得 + 결과 보어 또는 방향 보어

2 가능 보어 문장의 부정문

동사와 결과 보어 또는 방향 보어 사이에 부정 부사 '不'를 넣는다. 목적어의 위치는 긍정형과 같다.

· 那 座 山 太 高，我们 爬 不 上去。
Nà zuò shān tài gāo, wǒmen pá bu shàngqù.
저 산은 너무 높아서 우리가 올라갈 수 없다.

· 现在 我们 还 看 不 懂 中文 小说。
Xiànzài wǒmen hái kàn bu dǒng Zhōngwén xiǎoshuō.
지금 우리는 아직 중문 소설을 읽을 줄 모른다.

· 北京 人 说 的 北京 话 我们 听 不 懂。
Běijīng rén shuō de Běijīng huà wǒmen tīng bu dǒng.
북경인이 말하는 북경 사투리를 우리는 알아들을 수 없다.

· 你 借给 我 的 那些 杂志 我 明天 看 不 完。
Nǐ jiègěi wǒ de nàxiē zázhì wǒ míngtiān kàn bu wán.
네가 내게 빌려준 그 잡지들을 난 내일 다 읽을 수가 없어.

가능 보어의 부정문

동사 + 不 + 결과 보어 또는 방향 보어

3 가능 보어 문장의 의문문

긍정형 또는 부정형에 의문 어기 조사 '吗'를 넣거나, 가능 보어의 긍정형과 부정형을 병렬한 정반 의문문으로 표현한다.

· 现在 去，吃 晚饭 以前 回 得 来 吗?
Xiànzài qù, chī wǎnfàn yǐqián huí de lái ma?
지금 가면 저녁 먹기 전에 돌아올 수 있을까?

· 我 的 话 你们 听 得 懂 吗?
Wǒ de huà nǐmen tīng de dǒng ma?
내가 하는 말을 너희는 알아들을 수 있니?

· 七 点 以前 回 得 来 回 不 来?
Qī diǎn yǐqián huí de lái huí bu lái?
7시 이전에 돌아올 수 있니?

가능 보어의 의문문

① 가능 보어 + 吗

② 정반의문문

4 주요 가능 보어의 용법

❶ 下 xià 사람이나 사물을 어떤 장소에 수용할 수 있는 충분한 공간이 있는지에 대한 여부를 나타낸다.

· 这个 教室 坐 得 下 五十 个 人。
Zhège jiàoshì zuò de xià wǔshí ge rén.
이 교실에는 오십 명이 앉을 수 있다.

· 那个 剧场 坐 不 下 两千 人。
Nàge jùchǎng zuò bu xià liǎngqiān rén.
그 극장은 이천 명을 수용하지 못한다.

❷ 了 liǎo 어떤 동작이 실현될 가능성이 있는지, 또는 어떤 성질이나 상태가 변화될 가능성이 있는지의 여부를 나타낸다.

· 今天 晚上 的 电影，你 看 得 了 吗？
Jīntiān wǎnshang de diànyǐng, nǐ kàn de liǎo ma?
오늘 저녁의 영화를 너는 볼 수 있니?

· 这个 任务 我们 两天 完成 不 了。
Zhège rènwù wǒmen liǎngtiān wánchéng bu liǎo.
이 임무를 우리는 이틀 안에 끝낼 수 없다.

❸ 动 dòng 사람이나 사물의 위치를 이동시킬 수 있는 힘이 있는지의 여부를 나타낸다.

· 你们 抬 得 动 这 张 桌子 吗？
Nǐmen tái de dòng zhè zhāng zhuōzi ma?
너희는 이 탁자를 들 수 있겠니?

· 我 朋友 已经 跑 不 动 了。
Wǒ péngyou yǐjīng pǎo bu dòng le.
내 친구는 이미 달릴 수가 없게 되었다.

❹ 着 zháo 동작의 목적을 달성할 수 있는지의 여부를 나타낸다.

· 那 本 书 图书馆 里 有，我 借 得 着。
Nà běn shū túshūguǎn li yǒu, wǒ jiè de zháo.
그 책 도서관에 있어서 내가 빌릴 수 있다.

· 这个 谜语 你 猜 得 着 吗？
Zhège míyǔ nǐ cāi de zháo ma?
이 수수께끼 너 알아맞힐 수 있겠니?

❺ 起 qǐ 경제적 여건이나 자격 등이 있는지의 여부를 나타낸다.

· 那么 贵 的 东西，你 买 得 起 吗？
Nàme guì de dōngxi, nǐ mǎi de qǐ ma?
그렇게 비싼 물건을 너 살 수 있겠니?

· 这么 贵 的 衣服，我 穿 不 起。 이렇게 비싼 옷을 난 못 입는다.
Zhème guì de yīfu, wǒ chuān bu qǐ.

· 老 张 两 口子 称 得 起 模范 夫妻。 장씨 부부 두 사람은 모범적인 부부라고 할 만하다.
Lǎo Zhāng liǎng kǒuzi chēng de qǐ mófàn fūqī.

가능 보어와 정도 보어의 비교

	가능 보어	정도 보어
긍정형	写得好 쓸 수 있다	写得好 잘 쓴다
부정형	写不好 쓸 수 없다	写得不好 잘 못 쓴다
吗 의문문	写得好吗? 쓸 수 있습니까?	写得好吗? 잘 쓰니?
정반 의문문	写得好写不好? 쓸 수 있습니까?	写得好不好? 잘 쓰니?
목적어를 갖는 동사	写得好汉字 한자를 쓸 수 있다	写汉字写得好 한자를 잘 쓴다

❶ 가능 보어는 동작의 '가능성' 여부를 나타내고, 정도 보어는 동작이나 상태의 '정도'를 나타낸다.

❷ 가능 보어 앞에는 부사어의 수식을 받을 수가 없지만 정도 보어 앞에는 일반적으로 부사어의 수식을 받을 수 있다.

❸ 가능 보어 뒤에는 목적어가 올 수 있지만, 정도 보어 뒤에는 목적어가 올 수 없다.

작문연습

1 주어진 단어로 문장 만들기

(1) 너는 맥주 한 병을 다 마실 수 있니?

你 / 啤酒 píjiǔ / 得 / 一 / 吗 / 瓶 píng / 喝 / 了

➡ ______________________________?

(2) 이 문장은 어렵지 않아서 모두가 알아 볼 수 있다.

篇 / 不 / 大家 / 看 / 都 / 这 / 难 / 文章 / 懂 / 得

➡ ______________________________。

(3) 오늘은 비가 와서 운동회를 열 수가 없다.

今天 / 开 / 了 / 下 / 不 / 雨 / 运动会 yùndònghuì / 了

➡ ______________________________。

(4) 중국 소설을 우리는 아직 읽고 이해할 수가 없다.

我们 / 看 / 现在 / 不 / 中国 / 懂 / 还 / 小说

➡ ______________________________。

(5) 너는 그 책을 빌릴 수 있니?

能 / 那 / 得 / 吗 / 你 / 着 / 本 / 借 / 书

➡ ______________________________。

(6) 이 방에는 두 개의 침대를 놓을 수가 없다.

放 / 两 / 这 / 不 / 张 / 房间 / 床 / 下 / 个

➡ ______________________________。

2 문장 확장 연습

(1) 나는 칠판 위의 글씨를 볼 수는 있지만 분명하게 알아볼 수 없다.

① 나는 글씨를 볼 수 있다.

➡ ______________________________。

② 나는 칠판 위의 글씨를 볼 수 있다.

➡ ______________________________。

③ 하지만 나는 칠판 위의 글씨를 분명하게 알아볼 수 없다.

➡ ______________________________。

④ 나는 칠판 위의 글씨를 볼 수는 있지만 분명하게 알아볼 수 없다.

➡ ______________________________。

(2) 이 숙제들을 너는 하루에 다 할 수 있니 없니?

① 너는 하루에 할 수 있다.

➡ ______________________________。

② 너는 하루에 할 수 없다.

➡ ______________________________。

③ 이 숙제들을 너는 하루에 할 수 있다.

➡ ______________________________。

④ 이 숙제들을 너는 하루에 다 할 수 있니 없니?

➡ ______________________________?

HINT

黑板 hēibǎn 칠판
但是 dànshì 그러나

一天 yìtiān 하루
作业 zuòyè 숙제

연습문제

◆ 다음 문장을 중국어로 작문하시오.

1. 우리가 버스를 타고 가면 저녁 7시 이전에 돌아올 수 있다.

______________________________。

2. 이 라디오는 내가 고칠 수 없다.

______________________________。

3. 이 글자는 아주 간단해서 어린아이도 쓸 수 있다.

______________________________。

4. 오늘 저녁에 나는 이렇게 많은 일들을 다 할 수 없다.

______________________________。

5. 나는 이치를 설명할 수 없다.

______________________________。

6. 그들이 하는 중국어를 너는 모두 알아들을 수 있니?

______________________________。

7. 그 책을 어쩌면 살 수 있을 거다.

______________________________。

8. 우리들은 좋은 방법을 생각해 낼 수 없다.

______________________________。

9. 너 이렇게 많은 고량주를 다 마실 수 있니?

______________________________。

10. 오후 4시에 난 또 약속이 있는데, 너 4시 이전에 돌아올 수 있니?

______________________________。

HINT

公共汽车 = 公交车 gōnggòng qìchē = gōngjiāochē 버스

简单 jiǎndān 간단하다

连~都 lián~dōu ~조차도

道理 dàolǐ 이치, 도리

也许 yěxǔ 어쩌면

办法 bànfǎ 방법

高梁酒 gāoliang jiǔ 고량주

23 동량 보어

동작이나 행위의 횟수를 나타내는 보어를 '**동량 보어**'라고 한다.

1 동량 보어의 정의

동작이나 행위의 횟수를 나타내는 말을 '동량 보어'라고 한다. 동량 보어는 '수사'에 동작의 횟수를 나타내는 양사인 '동량사'를 덧붙여 '수사 + 동량사'로 이루어진다.
주요 동량사에는 '次 cì'·'遍 biàn'·'下 xià'·'趟 tàng'·'番 fān'·'顿 dùn'·'场 chǎng' 등이 있다.

- 北京 我 来过 五 次 了。
  Běijīng wǒ láiguo wǔ cì le.
  북경에 나는 다섯 번 왔었다.
- 这 本 小说 我 已经 看过 三 遍 了。
  Zhè běn xiǎoshuō wǒ yǐjīng kànguo sān biàn le.
  난 이 소설을 벌써 세 번이나 읽었다.
- 你 等 一下，我 马上 就 回来。
  Nǐ děng yíxià, wǒ mǎshàng jiù huílái.
  너 잠깐 기다려, 내가 금방 돌아올게.

어떤 동작의 행위를 위한 '도구'나 '신체의 일부'를 빌려서 동작을 나타내는 동량사로 사용할 수 있다. 이러한 양사를 '차용 동량사'라고 하는데, 이 차용 동량사는 동작이나 행위의 수단, 방법을 간결하고도 생동감 넘치게 표현할 수 있도록 해준다. 차용 동량사에는 '眼 yǎn'·'口 kǒu'·'脚 jiǎo'·'拳 quán'·'刀 dāo' 등이 있다.

- 我 打 了 他 一 拳。
  Wǒ dǎ le tā yì quán.
  나는 그를 주먹으로 한 방 갈겼다.
- 下 车 的 时候，她 偷偷 看 了 我 两 眼。
  Xià chē de shíhou, tā tōutōu kàn le wǒ liǎng yǎn.
  차에서 내릴 때, 그녀는 슬쩍 나를 두 번씩이나 쳐다봤다.

2 목적어가 일반 명사일 때

동사가 일반 명사로 된 목적어를 갖게 되면 동량 보어는 보통 목적어 앞에 놓는다.

동사 + 동량 보어 + 목적어(일반 명사)

- 我 吃过 一 次 这个 菜。 나는 이 요리를 한 번 먹어본 적이 있다.
  Wǒ chīguo yí cì zhège cài.
- 我们 想 参观 一下 博物馆。 우리들은 박물관을 좀 참관하고 싶어요.
  Wǒmen xiǎng cānguān yíxià bówùguǎn.
- 我 找过 两 次 金 先生，他 都 不 在。
  Wǒ zhǎoguo liǎng cì Jīn xiānsheng, tā dōu bú zài.
  나는 두 번이나 미스터 김을 찾았었는데 그는 (그때마다) 모두 없었다.

3 목적어가 대명사일 때

동사의 목적어가 만약 대명사이면 동량 보어는 일반적으로 목적어 뒤에 놓는다.

동사 + 목적어(대명사) + 동량 보어

- 我 来 找过 她 三 次 了，她 都 不 在。
  Wǒ lái zhǎoguo tā sān cì le, tā dōu bú zài.
  나는 그녀를 세 번이나 찾아왔는데 그녀는 그때마다 없었다.
- 我们 去过 那儿 几 次 了。
  Wǒmen qùguo nàr jǐ cì le.
  우리는 그곳에 몇 번 가 봤다.

4 동량 보어가 사용된 문장의 부정

일반적으로 동량 보어를 사용한 동사 앞에는 부정사가 거의 쓰이지 않는다. 그러나 때로는 어떤 상황에 대해 분명히 해명을 하기 위해 부정사 '不'나 '没'를 사용하는데, 이때 부정사는 동사를 부정하는 것이 아니라 동량사가 나타내는 동작의 횟수를 부정한다.

· 上海 我 只 去过 一 次，没 去过 两 次。
Shànghǎi wǒ zhǐ qùguo yí cì, méi qùguo liǎng cì.
상해에 난 겨우 한 번 가 봤지, 두 번 가보지 않았다.

· 这 本 小说 我 只 看过 一 遍，没 看过 两 遍。
Zhè běn xiǎoshuō wǒ zhǐ kànguo yí biàn, méi kànguo liǎng biàn.
이 소설을 난 겨우 한 번 읽었을 뿐이지, 두 번 읽지는 않았다.

차용되어 동량사로 쓰이는 명사

차용 동량사		용례	
刀 dāo	칼	砍三刀。 Kǎn sān dāo.	칼로 세 번 찍다.
笔 bǐ	붓	写一笔。 Xiě yì bǐ.	글씨를 쓰다.
枪 qiāng	총	打两枪。 Dǎ liǎng qiāng.	총을 두 방 쏘다.
鞭子 biānzi	채찍	抽三鞭子。 Chōu sān biānzi.	채찍을 세 번 휘두르다.
脚 jiǎo	다리	踢一脚。 Tī yì jiǎo.	발로 한 번 차다.
拳 quán	주먹	打两拳。 Dǎ liǎng quán.	주먹으로 두 방 때리다.
口 kǒu	입	咬一口。 Yǎo yì kǒu.	한 입 깨물다.
眼 yǎn	눈	看一眼。 Kàn yì yǎn.	(힐끗) 한 번 보다.

동사에 전용으로 쓰이는 동량사

전용 동량사		용례
次 cì	번, 차 (반복적인 동작의 횟수)	每周开一次会。 Měizhōu kāi yí cì huì. 매주 한 번 회의를 연다.
回 huí	번, 회 (반복적인 동작의 횟수)	去过中国一回。 Qùguo zhōngguó yì huí. 중국에 한 번 가 봤다.
趟 tàng	번 (한 번의 왕래, 운행)	去了北京一趟。 Qù le Běijīng yí tàng. 북경에 한 번 갔다.
遍 biàn	번 (처음부터 끝까지 완료)	看了三遍。 Kàn le sān biàn. 세 번 보았다.
顿 dùn	바탕, 차례 (밥 먹는 것, 질책, 야단 등의 횟수)	批评了一顿。 Pīpíng le yí dùn. 한 바탕 비난을 퍼부었다.
下(儿) xià(r)	번, 차례 (순식간의 동작 표시)	推了我一下(儿)。 Tuī le wǒ yíxià(r). 나를 한 번 밀었다.
阵 zhèn	짧은 시간, 잠깐, 한 바탕, 한때 (연속되는 한 단락의 시간)	吵了一阵。 Chǎo le yí zhèn. 한 바탕 소란을 피웠다.
场 chǎng	바탕, 번 (운동경기, 연극, 영화 등의 횟수)	看了一场。 Kàn le yì chǎng. 한 경기를 보았다.
番 fān	번, 바탕 (길고 노력이 많이 드는 과정을 표시)	思考了一番。 Sīkǎo le yì fān. 한 번 생각했다.
跤 jiāo	한 바탕 (넘어지는 동작의 표현)	跌了一跤。 Diē le yì jiāo. 한 바탕 넘어졌다.

작문연습

1 주어진 단어로 문장 만들기

(1) 우리 회사는 매주 한 번씩 회의를 연다.

公司 / 每周 / 一次 / 会 / 开 / 我们

➡ ______________________________。

(2) 난 그 사람을 세 번 본 적 있다.

我 / 看 / 三 / 他 / 回 / 过

➡ ______________________________。

(3) 나는 상해에 세 번 가 본 적이 있다.

上海 / 去 / 三 / 我 / 次 / 过

➡ ______________________________。

(4) 그의 소설을 난 두 번 읽었다.

他 / 我 / 两 / 小说 / 看 / 遍 / 的 / 了

➡ ______________________________。

(5) 나 너하고 같이 밥 한 번 먹고 싶다.

想 / 吃 / 跟 / 一 / 我 / 你 / 饭 / 顿

➡ ______________________________。

(6) 날씨가 좋지 않아 한 바탕 바람이 불고 비가 온다.

不 / 一 / 好 / 阵 zhèn / 一 / 天气 / 阵 / 风 / 雨 / 的

➡ ______________________________。

2 문장 확장 연습

(1) 나는 일본에 한 번 갔다 왔는데, 왕복 모두 비행기를 탔다.

① 나는 일본에 한 번 갔다 왔다.

➡ ______________________________。

② 나는 비행기를 탔다.

➡ ______________________________。

③ 나는 왕복 모두 비행기를 탔다.

➡ ______________________________。

④ 나는 일본에 한 번 갔다 왔는데, 왕복 모두 비행기를 탔다.

➡ ______________________________。

(2) 그들이 내게 두 번이나 물었는데, 나는 모두 명확하게 말할 수 없었다.

① 그들이 내게 물었다.

➡ ______________________________。

② 그들이 내게 두 번이나 물었다.

➡ ______________________________。

③ 나는 모두 명확하게 말할 수 없었다.

➡ ______________________________。

④ 그들이 내게 두 번이나 물었는데, 나는 모두 명확하게 말할 수 없었다.

➡ ______________________________。

HINT

来回 láihuí
왕복하다

Tip
목적어가 인명·지명일 경우 동량 보어는 목적어의 앞, 뒤 모두 올 수 있다.

回 huí 번, 회

清楚 qīngchu
명확하다

연습문제

◆ 다음 문장을 중국어로 작문하시오.

1. 서울에 나는 세 번 와 봤다.

____。

2. 이 만화 너 몇 번이나 봤니?

____。

3. 나는 중국에 몇 번 가 봤다.

____。

4. 나는 선생님을 세 번 찾아왔었는데 모두 안 계셨다.

____。

5. 나는 내 스스로를 한 바탕 질책했다.

____。

6. 나는 모질게 그에게 주먹을 두 방 먹였다.

____。

7. 다른 사람이 한 번 생각하면, 나는 그것을 열 번 생각한다.

____。

8. 그녀는 고개를 들어 나를 한 번 쳐다봤다.

____。

9. 그는 천천히 소매로 눈물을 한 번 닦았다.

____。

10. 나는 북경에 한 번 갈 계획이다.

____。

HINT

漫画 mànhuà 만화

自责 zìzé 자책하다

狠狠地 hěnhěn de 모질게, 매섭게

人家 rénjia 다른 사람

抬头 táitóu 고개를 들다

袖子 xiùzi 소매

擦 cā 닦다

打算 dǎsuàn 계획하다

24 시량 보어

어떤 동작이나 행위, 상태가 얼마나 긴 시간 동안 지속되는가를 나타내는 말을 '**시량 보어**'라 한다. 주로 시간이나 기간을 나타내는 말이 온다.

1 시량 보어란?

어떤 동작이나 행위, 상태가 얼마나 긴 시간 동안 지속되는가를 나타내는 말을 '시량 보어'라 한다. '시량 보어'로 사용될 수 있는 것은 시간을 나타내는 단어뿐이다.

- 国际 会议 开 了 五 个 小时 了。 국제 회의가 열린 지 다섯 시간이 됐다.
  Guójì huìyì kāi le wǔ ge xiǎoshí le.
- 他 因 感冒 病 了 三 天。 그는 감기로 인해서 사흘을 앓았다.
  Tā yīn gǎnmào bìng le sān tiān.
- 手术 进行 了 三 个 小时。 수술하는 데 세 시간이 걸렸다.
  Shǒushù jìnxíng le sān ge xiǎoshí.

2 동사가 목적어를 갖게 될 때

일반적으로 동사를 중복하고 그 뒤에 '시량 보어'를 놓는다.

> **Tip**
> 半天은 '한나절'이라는 뜻도 있고, '한참, 오래'라는 의미도 있다.

주어 + 동사 + 목적어 + 동사 + 시량 보어

- 我 学 汉语 学 了 五 年 了。 나는 중국어를 배운지 5년이 됐다.
  Wǒ xué Hànyǔ xué le wǔ nián le.
- 她 打 电话 打 了 三十 分 钟。 그녀는 30분 동안 전화 통화를 했다.
  Tā dǎ diànhuà dǎ le sānshí fēnzhōng.
- 妈妈 买 东西 买 了 半 天。 엄마는 물건을 사는 데 한참 걸렸다.
  Māma mǎi dōngxi mǎi le bàn tiān.

목적어가 일반 명사일 경우 '시량 보어'는 동사와 목적어 중간에 놓을 수 있으며, '시량 보어'와 목적어 사이에 '的'를 넣을 수 있다.

주어 + 동사 + 시량 보어 + (的) + 목적어

- 我 每天 都 要 听 半 个 小时 (的) 新闻。 나는 매일 30분씩 뉴스를 들어야 한다.
  Wǒ měitiān dōu yào tīng bàn ge xiǎoshí (de) xīnwén.
- 我 学 了 一 年 (的) 汉语。 나는 중국어를 1년간 배웠다.
  Wǒ xué le yì nián (de) Hànyǔ.
- 我 打 了 一 天 (的) 字，太 累 了。 나는 하루 종일 타자를 쳐서 너무 피곤하다.
  Wǒ dǎ le yì tiān (de) zì, tài lèi le.

3 목적어가 인칭 대명사일 때

사람을 나타내는 명사가 목적어가 될 때는 '시량 보어'를 목적어 앞이나 뒤에 모두 넣을 수 있다.

주어 + 동사 + 시량 보어 + 목적어(사람)
주어 + 동사 + 목적어(사람) + 시량 보어

- 你 等 一会儿 玛丽 吧，她 马上 就 来。 너 잠깐만 마리를 기다려, 금방 올 거야.
  Nǐ děng yíhuìr Mǎlì ba, tā mǎshàng jiù lái.
- 你 等 玛丽 一会儿 吧，她 马上 就 来。 너 잠깐만 마리를 기다려, 금방 올 거야.
  Nǐ děng Mǎlì yíhuìr ba, tā mǎshàng jiù lái.

목적어가 인칭 대명사일 때 '시량 보어'는 목적어 뒤에만 놓는다.

주어 + 동사 + 목적어(대명사) + 시량 보어

- 我 找 了 你 半 天，你 去 哪儿 啦？ 난 널 한참이나 찾았는데, 너 어디 갔었니?
  Wǒ zhǎo le nǐ bàn tiān, nǐ qù nǎr la?
- 我们 找 了 他 一 个 多 小时 了。 우리는 한 시간이 넘도록 그를 찾아다녔다.
  Wǒmen zhǎo le tā yí ge duō xiǎoshí le.

4 '시점'과 '시간의 폭'

💬 '시량 보어'는 동작이나 행위가 발생한 시점을 나타낸다.

- 那件事情发生在很久以前。 그 일은 아주 옛날에 발생했다.
  Nà jiàn shìqing fāshēng zài hěn jiǔ yǐqián.
- 作家巴金出生于1904年。 작가 빠진은 1904년에 태어났다.
  Zuòjiā Bājīn chūshēng yú yī jiǔ líng sì nián.
- 中华人民共和国成立于1949年。 중화인민공화국은 1949년에 성립됐다.
  Zhōnghuá Rénmín Gònghéguó chénglì yú yī jiǔ sì jiǔ nián.
- 大风刮到下午两点才停。 큰 바람이 오후 2시까지 불다가 겨우 그쳤다.
  Dàfēng guādào xiàwǔ liǎng diǎn cái tíng.

💬 시량 보어는 '~한 지 얼마나 되다'라는 뜻으로 시간의 폭을 나타내기도 한다. 이때는 '来 lái'·'到 dào'·'去 qù'·'离开 líkāi'·'结婚 jiéhūn' 등과 같이 지속성이 없는 동사가 사용된다.

- 我毕业五年了。 난 졸업한 지 5년이 됐다.
  Wǒ bìyè wǔ nián le.
- 我们结婚十年了。 우리는 결혼한 지 10년이 됐다.
  Wǒmen jiéhūn shí nián le.
- 春节过去一个月了。 설이 지난 지 한 달이 되었다.
  Chūnjié guòqù yí ge yuè le.

5 시량 보어가 사용된 문장의 부정문

💬 '시량 보어'를 갖는 동사 앞에 쓰인 부정 부사 '不'나 '没'는 동사를 부정하는 것이 아니라 '시량 보어'가 나타내는 시간을 부정한다.

· 我 只 休息 了 一 天，没 休息 两 天。
Wǒ zhǐ xiūxi le yì tiān, méi xiūxi liǎng tiān.
나는 겨우 하루 동안 쉬었을 뿐, 이틀 쉰 것이 아니다.

· 你 太 累 了，不 休息 一会儿 不 行 啊。
Nǐ tài lèi le, bù xiūxi yíhuìr bù xíng a.
너는 너무 피곤해서, 잠깐 동안이나마 쉬지 않으면 안 되겠어.

비교해 봅시다!

동사 + 了 + 시량 보어 + (的) + 목적어
동태조사

· 我 学 了 五 年 (的) 汉语。 나는 중국어를 5년 배웠다.
Wǒ xué le wǔ nián (de) Hànyǔ.

💬 이 문장은 '중국어를 5년이라는 기간 동안 배웠다'는 뜻이다.
즉, 5년이라는 시간 동안만 배웠을 뿐 지금은 배우고 있지 않다는 뜻이다.

동사 + 목적어 + 동사 + 了 + 시량보어 + 了
동태 조사 어기 조사

· 我 学 汉语 学 了 五 年 了。 나는 중국어를 배운 지 5년이 됐다.
Wǒ xué Hànyǔ xué le wǔ nián le.

💬 이 문장은 '5년 전에 중국어를 배우기 시작하여 현재까지 배우고 있다'는 뜻이다.
즉, 중국어를 배우는 동작이 5년 전에 시작되어 지금까지 계속 이어져 오고 있음을 나타낸다.

작문연습

1 주어진 단어로 문장 만들기

(1) 토론이 열린 지 두 시간이 됐다.

进行 jìnxíng / 两 / 了 / 讨论 tǎolùn / 小时 / 了 / 个

➡ ____。

(2) 나는 5일 동안 병이 나서 학교에 가지 못했다.

我 / 五 / 没 / 病 / 上学 / 了 / 天

➡ ____。

(3) 나는 그들을 한참 동안 찾았다.

我 / 了 / 半天 / 找 / 他们

➡ ____。

(4) 나는 일본어를 배운 지 3년이 됐다.

我 / 学 / 三 / 日语 / 了 / 年 / 学 / 了

➡ ____。

(5) 나는 티벳트어를 1년 배웠다.

藏文 Zàngwén / 我 / 了 / 一 / 的 / 年 / 学

➡ ____。

(6) 중국에 온 지 몇 년 되었지요?

你 / 中国 / 年 / 来 / 儿 / 了

➡ ____?

2 문장 확장 연습

(1) 그의 아버지가 돌아가신 지는 10년이 되었고, 어머니가 돌아가신 지는 1년이 되었다.

① 그의 아버지가 돌아가셨다.

➡ ____________________。

② 그의 아버지가 돌아가신 지 10년이 되었다.

➡ ____________________。

③ 그의 어머니가 돌아가신 지 1년이 되었다.

➡ ____________________。

④ 그의 아버지가 돌아가신 지는 10년이 되었고, 어머니가 돌아가신 지는 1년이 되었다.

➡ ____________________。

(2) 내가 집으로 돌아온 지 두 시간이 되었는데도 동생은 아직 자고 있다.

① 내가 집으로 돌아오다.

➡ ____________________。

② 내가 집으로 돌아온 지 두 시간이 되었다.

➡ ____________________。

③ 동생은 아직도 자고 있다.

➡ ____________________。

④ 내가 집으로 돌아온 지 두 시간이 되었는데도 동생은 아직 자고 있다.

➡ ____________________。

HINT

去世 qùshì
돌아가시다

연습문제

HINT

◆ 다음 문장을 중국어로 작문하시오.

1. 그가 떠난 지 한 달이 됐다.

______________________________。

离开 líkāi 떠나다, 헤어지다

2. 그가 죽은 지 3년이 됐다.

______________________________。

3. 그의 형은 중국에서 40여 년을 살았다.

______________________________。

4. 그가 온 지 반년이 넘었다.

______________________________。

5. 우리는 알고 지낸 지 벌써 10년이 되었다.

______________________________。

认识 rènshi 알다

6. 엄마는 한 시간 동안 통화를 했다.

______________________________。

7. 우리는 상해(上海) 말을 4년간 배웠다.

______________________________。

8. 우리는 광동어를 배운 지 4년이 됐다.

______________________________。

粤语 Yuèyǔ 광동어

9. 나는 하루 종일 인터넷을 했더니 피곤해 죽겠다.

______________________________。

上网 shàngwǎng 인터넷을 하다

10. 나는 그녀를 한참 동안이나 기다렸다.

______________________________。

25 수량 보어

사물 또는 상황이 비교되었을 때 발생하는 차이를 구체적으로 설명해 주는 것을 '**수량 보어**'라고 한다.

1 수량 보어의 정의

비교문에서 두 가지 사물 또는 상황이 비교되었을 때 발생하는 차이를 구체적으로 설명해 주는 것을 '수량 보어'라고 한다.

A 比 B + 형용사 + 수량 보어(구체적인 차이)
A는 B보다 ~만큼 ~하다

2 수량 보어의 여러 가지 표현

❶ 크고 작음을 나타낼 때

- 哥哥 比 我 高 十 厘米。 형은 나보다 키가 10cm 더 크다.
  Gēge bǐ wǒ gāo shí límǐ.
- 弟弟 比 我 矮 十 厘米。 동생은 나보다 키가 10cm 더 작다.
  Dìdi bǐ wǒ ǎi shí límǐ.

❷ 많고 적음을 나타낼 때

- 姐姐 比 我 大 五 岁。 누나는 나보다 다섯 살이 더 많다.
  Jiějie bǐ wǒ dà wǔ suì.
- 妹妹 比 姐姐 小 十 岁。 여동생은 누나보다 열 살이 어리다.
  Mèimei bǐ jiějie xiǎo shí suì.
- 这个 班 的 学生 比 那个 班 的 学生 多 十 个。 이 반 학생은 저 반보다 열 명이 더 많다.
  Zhège bān de xuésheng bǐ nàge bān de xuésheng duō shí ge.

❸ 높고 낮음을 나타낼 때

· 这 座 大楼 比 那 座 高 三十 米。 이 건물은 저 건물보다 30m 더 높다.
Zhè zuò dàlóu bǐ nà zuò gāo sānshí mǐ.

· 那 座 山 比 这 座 高 五百 米。 저 산은 이 산보다 500미터 더 높다.
Nà zuò shān bǐ zhè zuò gāo wúbǎi mǐ.

❹ 무겁고 가벼움을 나타낼 때

· 这个 西瓜 比 那个 重 一 斤。 이 수박은 저것보다 한 근이 더 나간다.
Zhège xīguā bǐ nàge zhòng yì jīn.

· 我 比 弟弟 重 五 公斤。 나는 동생보다 5kg 더 나간다.
Wǒ bǐ dìdi zhòng wǔ gōngjīn.

❺ 가격의 차이를 나타낼 때

· 这 种 电视机 比 那 种 贵 三百 块 钱。
Zhè zhǒng diànshìjī bǐ nà zhǒng guì sānbǎi kuài qián.
이런 TV는 저런 것보다 300위안이 더 비싸다.

· 这 本 汉韩 词典 比 那 本 便宜 五十 块 钱。
Zhè běn Hànhán cídiǎn bǐ nà běn piányi wǔshí kuài qián.
이 중한사전은 저것보다 50위안이 싸다.

❻ 기타

이 밖에도 수량 보어는 비교문에서 비교되는 속도, 시간, 양태 등 여러 가지를 구체적인 수치로 나타낼 수 있다.

· 这个 月 妈妈 的 病 比 上 个 月 好 了 一点儿。
Zhège yuè māma de bìng bǐ shàng ge yuè hǎo le yìdiǎnr.
이번 달 엄마의 병세가 지난 달보다 조금 좋다.

· 来 台风 以后，东西 的 价钱 比 以前 贵 了 一点儿。
Lái táifēng yǐhòu, dōngxi de jiàqián bǐ yǐqián guì le yìdiǎnr.
태풍이 온 후, 물건 값이 이전보다 조금 비싸다.

· 他 比 我 多 买了 三 本 书。
Tā bǐ wǒ duō mǎile sān běn shū.
그는 나보다 책을 세 권 더 샀다.

· 我 朋友 比 我 早 来 三十 分钟。
Wǒ péngyou bǐ wǒ zǎo lái sānshí fēnzhōng.
내 친구는 나보다 30분 먼저 온다.

작문연습

1 주어진 단어로 문장 만들기

(1) 아버지는 엄마보다 세 살이 더 많으시다.

大 / 比 / 三 / 爸爸 / 岁 / 妈妈

➡ ____。

(2) 나는 형보다 두 살이 더 어리다.

我 / 两 / 小 / 哥哥 / 岁 / 比

➡ ____。

(3) 이 책은 저 책보다 100쪽이 더 많다.

这 / 本 / 那 / 多 / 比 / 页 yè / 本 / 一 / 书 / 百 / 书

➡ ____。

(4) 수박은 참외보다 20위안 더 비싸다.

贵 / 比 / 二 / 西瓜 / 块 / 十 / 甜瓜 tiánguā / 钱

➡ ____。

(5) 나는 아빠보다 키가 20cm 더 크다.

爸爸 / 高 / 比 / 厘米 / 十 / 我 / 个子 / 二

➡ ____。

(6) 이 상자는 저 상자보다 5kg 더 무겁다.

这 / 重 / 五 / 个 / 比 / 个 / 箱子 xiāngzi / 公斤 / 那

➡ ____?

2 문장 확장 연습

(1) 이 사전은 저 사전보다 100쪽이 더 많은데, 오히려 가격이 50위안 더 싸다.

① 이 사전은 100쪽이 더 많다.

➡ ____。

② 이 사전은 저 사전보다 100쪽이 더 많다.

➡ ____。

③ 이 사전은 저 사전보다 50위안이 더 싸다.

➡ ____。

④ 이 사전은 저 사전보다 100쪽이 더 많은데, 오히려 가격이 50위안 더 싸다.

➡ ____。

(2) 이 상자는 저것보다 더 크지만, 저 상자가 오히려 이것보다 3kg 더 무겁다.

① 이 상자는 크다.

➡ ____。

② 이 상자는 저것보다 더 크다.

➡ ____。

③ 저 상자는 무겁다.

➡ ____。

④ 이 상자는 저것보다 더 크지만, 저 상자가 오히려 이것보다 3kg 더 무겁다.

➡ ____。

HINT

页 yè 페이지, 쪽

多出 duōchū ~만큼 초월하다, ~만큼 많다

却 què 오히려

箱子 xiāngzi 상자, 트렁크

연습문제

◆ 다음 문장을 중국어로 작문하시오.

1. 이것은 저것보다 500위안이 더 비싸다.

____。

2. 우리 반의 학생은 저 반보다 세 명이 더 많다.

____。

3. 이런 에어컨은 저런 것보다 800위안이 더 싸다.

____。

4. 이 세탁기는 저것보다 100위안이 비싸다.

____。

5. 이 다리는 저 다리보다 200m 더 길다.

____。

6. 미스터 김은 매일 미스 리보다 30분 먼저 출근한다.

____。

7. 엄마는 매일 아빠보다 한 시간 일찍 주무신다.

____。

8. 올해 쌀 생산량은 작년보다 두 배가 많다.

____。

9. 아버지는 연세가 엄마보다 열다섯 살이 더 많으시다.

____。

10. 그녀는 나보다 토마토를 두 근 더 샀다.

____。

HINT

空调 kōngtiáo 에어컨

洗衣机 xǐyījī 세탁기

桥 qiáo 다리

大米 dàmǐ 쌀

产量 chǎnliàng 생산량

倍 bèi 배

西红柿 xīhóngshì 토마토

동사의 태(态)

중국어는 시제에 따른 동사의 변화가 없어 시간을 나타내는 단어에 따라 시제가 결정된다. 따라서 어떤 하나의 동작은 시작부터 완료되기까지 발전하고 변화하는 가운데 시작, 진행, 지속, 완료 등 여러 가지 시제의 단계에 놓여질 수 있다.

동사의 태	동작의 임박형
	동작의 진행형
	동작의 지속형
	동작의 완료형
	동작의 경험형

26 동작의 임박형

어떤 동작이나 상황이 가까운 시간 안에 곧 발생함을 나타내고자 할 때는 '要 + 동사 + 了'로 나타내며, '곧 ~하려고 하다' '곧 ~할 것이다'로 해석된다. 또한 '要' 앞에 부사 '将 jiāng 장차'·'就 jiù 곧, 바로'·'快 kuài 곧' 등을 써서 시간의 긴박함을 나타내기도 한다.

他要回来了。	要 + 동사 + 了
快要放假了。	快要 + 동사 + 了
火车五点钟就要开了。	就要 + 동사 + 了
她明天将要坐飞机来。	将要 + 동사 + (了)

1 要 + 동사 + 了

· 飞机 要 起飞 了。
Fēijī yào qǐfēi le.
비행기가 곧 이륙하려고 한다.

· 天 要 亮 了。
Tiān yào liàng le.
날이 곧 밝아지려고 한다.

· 汽车 要 开 了。
Qìchē yào kāi le.
차가 곧 출발할 것이다.

2 快要 + 동사 + 了

회화체에서 많이 사용되는데, '快(要)~了' 앞에는 구체적인 시간을 나타내는 시간명사가 부사어로 올 수 없다.

· 他 快要 毕业 了。
Tā kuàiyào bìyè le.
그는 곧 졸업을 한다.

· 快 放 寒假 了。
Kuài fàng hánjià le.
곧 겨울방학을 한다.

· 天气 快要 冷 了。
Tiānqì kuàiyào lěng le.
날씨가 곧 추워지려고 한다.

3 就要 + 동사 + 了

이 형식은 회화체에서 많이 쓰인다. '就要~了' 앞에는 구체적인 시간을 나타내는 시간 명사를 쓸 수 있다.

- 马上 就 要 冬天 了。 곧 겨울이다.
  Mǎshàng jiù yào dōngtiān le.
- 还 有 一 个 月 就 要 毕业 了。 한 달만 더 있으면 곧 졸업이다.
  Hái yǒu yí ge yuè jiù yào bìyè le.
- 听说 她 就 要 结婚 了。 듣자하니 그녀가 곧 결혼을 한다고 한다.
  Tīngshuō tā jiù yào jiéhūn le.

4 将要 + 동사 + (了)

부사 '将'을 써서 시간의 급박함을 나타내는 형식은 주로 서면어(书面语)에서 많이 쓰인다.

- 生产 计划 将要 提前 完成 了。 생산계획이 곧 예정보다 일찍 달성될 것이다.
  Shēngchǎn jìhuà jiāngyào tíqián wánchéng le .
- 她 明天 将要 乘 飞机 来 北京。 그녀는 내일 비행기를 타고 북경에 올 것이다.
  Tā míngtiān jiāngyào chéng fēijī lái Běijīng.

알아맞혀 보세요!

你 说 话， 당신은 말하고요,
Nǐ shuō huà,

他 记 下， 그 사람은 쓴대요,
tā jì xià,

让 他 读 一 遍， 그에게 한 번 읽어 보라 하니,
ràng tā dú yí biàn,

全 是 你 的 话。 모두가 당신의 말이군요.
quán shì nǐ de huà.

작문연습

1 주어진 단어로 문장 만들기

(1) 나는 곧 졸업합니다.

我 / 毕业 / 快 / 了 / 要

➡ ____。

(2) 우리는 곧 결혼할 겁니다.

就 / 我们 / 了 / 结婚 / 要

➡ ____。

(3) 곧 9시가 됩니다.

了 / 点 / 九 / 快

➡ ____。

(4) 지금 8시가 되어 곧 수업이 시작됩니다.

现在 / 了 / 点 / 要 / 了 / 八 / 上课

➡ ____。

(5) 나는 다음주에 곧 귀국할 겁니다.

我 / 要 / 了 / 下星期 / 回国 / 就

➡ ____。

(6) 곧 겨울이 됩니다.

快 / 了 / 要 / 冬天

➡ ____。

2 문장 확장 연습

(1) 날씨가 곧 추워지려고 해서 나는 겨울 옷을 좀 준비하려고 한다.

① 날씨가 춥다.

➡ ____。

② 날씨가 곧 추워지려고 한다.

➡ ____。

③ 나는 겨울 옷을 좀 준비하려고 한다.

➡ ____。

④ 날씨가 곧 추워지려고 해서 나는 겨울 옷을 좀 준비하려고 한다.

➡ ____。

(2) 벌써 12시가 다 되어가는데, 나는 아직도 정리가 다 안 됐다.

① 12시가 되어간다.

➡ ____。

② 벌써 12시가 되어간다.

➡ ____。

③ 나는 아직도 정리가 다 안 됐다.

➡ ____。

④ 벌써 12시가 다 되어가는데, 나는 아직도 정리가 다 안 됐다.

➡ ____。

HINT

收拾 shōushi
정리하다, 정돈하다

연습문제

◆ 다음 문장을 중국어로 작문하시오.

1. 내 친구는 내일이면 곧 중국으로 유학을 간다.

____。

2. 지금 6시가 되어 상점이 문을 닫으려고 한다.

____。

3. 내 숙제는 곧 끝난다.

____。

4. 김 선생과 이 양은 곧 결혼할 것이다.

____。

5. 내가 한국에 온 지 곧 1년이 된다.

____。

6. 날씨가 곧 추워지려고 하니 코트를 입어야 한다.

____。

7. 날씨가 흐리더니 곧 비가 오려고 한다.

____。

8. 우리는 이번 주 금요일에 곧 시험을 볼 것이다.

____。

9. 지금 시간이 오후 4시인데, 은행은 4시 30분에 곧 문을 닫으려고 한다.

____。

10. 우리 큰 누나는 다음 달에 곧 결혼할 것이다.

____。

HINT

关门 guānmén 문을 닫다

大衣 dàyī 코트

阴 yīn 흐리다

下雨 xià yǔ 비가 오다

27 동작의 진행형

동사 앞에 부사 '正'·'正在'·'在'를 쓰고, 문장 끝에 어기 조사 '呢'를 써서 동작의 진행을 나타낸다. 또한 동사 앞에 부사 '正'이나 '在' 중에서 어느 하나만을 써서 진행을 나타낼 수 있고, 문장 끝에 있는 어기 조사 '呢'만으로도 진행을 나타낼 수 있다.

긍정문	**他正吃饭呢。**	주어 + 正 + 동사 + 呢
	他在吃饭呢。	주어 + 在 + 동사 + 呢
	他正在吃饭呢。	주어 + 正在 + 동사 + 呢
	他吃饭呢。	주어 + 동사 + 呢
부정문	**他没有吃饭，他喝牛奶。**	주어 + 没有 + 동사
의문문	**他在吃饭吗?**	주어 + 在 + 동사 + 吗?

1 진행형의 긍정문

- 他们 正在 吃 午饭 呢。 그들은 점심을 먹고 있는 중이다.
  Tāmen zhèngzài chī wǔfàn ne.
- 他们 在 吃 午饭 呢。 그들은 점심을 먹고 있는 중이다.
  Tāmen zài chī wǔfàn ne.
- 他们 吃 午饭 呢。 그들은 점심을 먹고 있는 중이다.
  Tāmen chī wǔfàn ne.
- 他们 在 食堂 吃 午饭 呢。 그들은 식당에서 점심을 먹고 있는 중이다.
  Tāmen zài shítáng chī wǔfàn ne.

2 진행형의 시제

동작의 진행은 과거나 현재, 미래의 어느 시점에서도 모두 가능하다. 그러나 과거 진행일 때는 '**昨天**', 미래 진행일 때는 '**明天**' 등과 같이 시간을 나타내는 말로 시제를 나타내 준다. 그리고 미래 진행의 경우 가능성을 표시하는 조동사 '会 huì ~할 것이다'나 부사 '一定 yídìng 반드시, 꼭' 등과 같이 쓰는 경우가 많다

❶ 과거의 진행형

· 昨天 我 去 他 家 的 时候，他 在 吃 饭。
Zuótiān wǒ qù tā jiā de shíhou, tā zài chī fàn.
어제 내가 그의 집에 갔을 때, 그는 밥을 먹고 있는 중이었다.

❷ 현재의 진행형

· 他 正在 吃 饭。
Tā zhèngzài chī fàn.
그는 밥을 먹고 있는 중이다.

❸ 미래의 진행형

· 要是 你 明天 十 二 点 去 他 家，他 一定 正在 吃 午饭。
Yàoshi nǐ míngtiān shí' èr diǎn qù tā jiā, tā yídìng zhèngzài chī wǔfàn.
만약 네가 내일 12시에 그의 집에 간다면, 그는 분명히 점심을 먹고 있는 중일 거야.

3 진행형의 부정문

진행형의 부정은 동사 앞에 '没有'를 써준다.

· 妈妈 没 有 听 收音机，她 在 看 电视 呢。
Māma méi yǒu tīng shōuyīnjī, tā zài kàn diànshì ne.
엄마는 라디오를 듣지 않고, TV를 보고 있는 중이다.

· 他 现在 没 有 看 书，在 睡 午觉 呢。
Tā xiànzài méi yǒu kàn shū, zài shuì wǔjiào ne.
그는 지금 책을 읽고 있지 않고, 낮잠을 자고 있는 중이다.

· 我 哥哥 没 有 看 报，他 在 看 电影 呢。
Wǒ gēge méi yǒu kàn bào, tā zài kàn diànyǐng ne.
나의 형은 신문을 보고 있지 않고, 영화를 보고 있는 중이다.

4 진행형의 의문문

진행형의 의문은 문장 끝에 의문 어기 조사 '吗'를 써서 나타내거나 의문 대사 '什么' 등을 써서 의문문을 만들 수 있다.

A：他 在 看 小说 吗？ 그는 소설을 보고 있니?
Tā zài kàn xiǎoshuō ma?

B：没 有，他 在 上网 呢。 아니, 그는 인터넷을 하고 있어.
Méi yǒu, tā zài shàngwǎng ne.

· 你 在 干 什么 呢？ 너 뭐하고 있는 중이니?
Nǐ zài gàn shénme ne?

· 你 朋友 在 写 什么 呢？ 네 친구는 무얼 쓰고 있는 중이니?
Nǐ péngyou zài xiě shénme ne?

你在干什么呢?
我在想该吃什么呢!
A
B

작문연습

1 주어진 단어로 문장 만들기

(1) 그는 글을 쓰고 있는 중이다.

他 / 在 / 文章 wénzhāng / 正 / 呢 / 写

➡ ____。

(2) 내 친구는 기숙사에서 자고 있다.

我 / 呢 / 宿舍 / 在 / 朋友 / 睡觉

➡ ____。

(3) 아버지는 TV를 보지 않고 신문을 보고 있는 중이시다.

电视 / 看 / 没 / 他 / 在 / 报 / 看 / 爸爸 / 呢

➡ ____。

(4) 너 지금 무슨 음악을 듣고 있니?

听 / 音乐 / 什么 / 呢 / 你 / 在

➡ ____?

(5) 밖에는 큰 눈이 내리고 있다.

下 / 呢 / 外面 / 正 / 大雪 dàxuě / 在

➡ ____。

(6) 엄마는 이모에게 전화를 하고 있는 중이다.

妈妈 / 打 / 给 / 电话 / 在 / 呢 / 小姨 xiǎoyí

➡ ____。

2 문장 확장 연습

(1) 어제 저녁 내가 친구네 집에 갔을 때 그는 숙제를 하고 있었다.

① 친구네 집에 가다.

➡ ______________________________。

② 나는 어제 저녁 친구네 집에 갔다.

➡ ______________________________。

③ 그는 숙제를 하고 있다.

➡ ______________________________。

④ 어제 저녁 내가 친구네 집에 갔을 때 그는 숙제를 하고 있었다.

➡ ______________________________。

(2) 네가 이번 주 토요일 저녁에 우리 집에 오면, 우리들은 틀림없이 파티를 열고 있을 거야.

① 네가 우리 집에 오다.

➡ ______________________________。

② 네가 이번 주 토요일 저녁에 우리 집에 오다.

➡ ______________________________。

③ 우리들은 파티를 열고 있는 중이다.

➡ ______________________________。

④ 네가 이번 주 토요일 저녁에 우리 집에 오면, 우리들은 틀림없이 파티를 열고 있을 거야.

➡ ______________________________。

HINT

做作业 zuò zuòyè
숙제하다

星期六 xīngqīliù
토요일

晚会 wǎnhuì
저녁모임

연습문제

◆ 다음 문장을 중국어로 작문하시오.

1. 방금 내가 기숙사에 들어왔을 때, 그녀는 노래를 부르고 있었다.

____。

2. 방금 내가 집에 들어왔을 때, 엄마는 친구에게 전화를 걸고 계셨다.

____。

3. 내가 어제 서울에 갔을 때는 큰 비가 내리고 있었다.

____。

4. 너희들은 지금 뭐하고 있는 중이니?

____?

5. 우리들은 점심을 먹고 있는 중이야.

____。

6. 그들은 TV를 보고 있지 않고 중국어 공부를 하고 있다.

____。

7. 네가 내일 우리 집에 왔을 때, 우리는 아마 음식을 만들고 있을 거야.

____。

8. 미스터 김은 요즘 일자리를 찾고 있는 중이야.

____。

9. 내년 9월이면 나는 아마도 큰 무역회사에서 일을 하고 있을 거야.

____。

10. 그 작가는 무슨 소설을 쓰고 있는 중이니?

____?

HINT

刚才 gāngcái 방금, 막

首尔 Shǒu'ěr 서울

午饭 wǔfàn 점심

做菜 zuò cài 음식을 만들다

可能 kěnéng 아마도, 아마

贸易公司 màoyì gōngsī 무역회사

作家 zuòjiā 작가

28 동작의 지속형

동사 뒤에 동태 조사 '着 zhe'를 붙이면 어떤 동작이 지속되고 있음을 나타낸다. 또 어떤 동작이 취해진 후, 그 동작의 결과가 일정한 상태로 계속 유지되고 있음을 나타내며, 이러한 용법은 주로 어떤 상황을 묘사하는 데 사용된다. 지속형의 기본 문형은 다음과 같다.

긍정문	他听着音乐。 门开着。	주어 + 동사 + 着
	他听着音乐呢。	주어 + 동사 + 着 + 呢
	他正在听着音乐呢。	주어 + (正)在 + 동사 + 着 + 呢
부정문	门没有开着。	주어 + 没有 + 동사 + 着
의문문	门开着没有?	주어 + 동사 + 着 + 没有?

1 지속형의 긍정문

A. 동작의 지속

사람의 신체 동작을 나타내는 동사가 동태 조사 '着 zhe'와 함께 쓰여 동작이 지속됨을 나타낸다.

坐 zuò 앉다
躺 tǎng 눕다
立 lì 서다
蹲 dūn 웅크리다
站 zhàn 멈추다
+
着
zhe
坐着 앉아 있다
躺着 누워 있다
立着 서 있다
蹲着 웅크리고 있다
站着 멈춰 서 있다

- 哥哥 在 操场 上 跑着 呢。 형은 운동장에서 뛰고 있다.
  Gēge zài cāochǎng shang pǎozhe ne.
- 病人 在 床 上 躺着。 환자가 침대 위에 누워 있다.
  Bìngrén zài chuáng shang tǎngzhe.

동태 조사 '着'는 동작의 진행을 나타내는 '正在'나 '正', '呢' 등과 함께 사용될 수 있다.

· 她 正在 打着 电话，李 先生 走 进来 了。
Tā zhèngzài dǎzhe diànhuà, Lǐ xiānsheng zǒu jìnlái le.
그녀가 마침 전화를 하고 있는데, 미스터 리가 들어왔다.

· 他 在 低着 头 呢。
Tā zài dīzhe tóu ne.
그는 고개를 숙이고 있다.

B. 상태의 지속

동사 뒤에 동태 조사 '着 zhe'를 붙여 어떤 동작이 취해진 후, 그 동작의 결과가 일정한 상태로 계속 유지되고 있음을 나타낸다. 그러나 이때는 진행을 나타내는 '正在'나 '正', '呢' 등과 같이 사용될 수 없다.

· 门 开着，电视 也 开着。
Mén kāizhe, diànshì yě kāizhe.
문이 열려 있고, TV도 역시 켜져 있다.

· 桌子 上 放着 书、本子 和 钢笔。
Zhuōzi shang fàngzhe shū, běnzi hé gāngbǐ.
탁자 위에는 책과 공책 그리고 만년필이 놓여있다.

· 桌子 上 正在 摆着 碗筷。 (×)
Zhuōzi shang zhèngzài bǎizhe wǎnkuài.

➜ 桌子 上 摆着 碗筷。 (o)
Zhuōzi shang bǎizhe wǎnkuài.
탁자 위에 식기가 놓여있다.

C. 동작의 방식

동사가 동태 조사 '着'와 함께 사용되면 어떤 동작이나 행동의 '방식'을 나타낸다.

站 zhàn 서다 坐 zuò 앉다 看 kàn 보다	+	着 zhe	+	동사	→	站着 서서 ~하다 坐着 앉아서 ~하다 看着 보면서 ~하다

- 爸爸 低着 头，想 了 很 长 时间。
  Bàba dīzhe tóu, xiǎng le hěn cháng shíjiān.
  아버지는 고개를 숙인 채, 오랜 시간 동안 생각했다.

- 老师 站着 讲课，我们 坐着 听。
  Lǎoshī zhànzhe jiǎngkè, wǒmen zuòzhe tīng.
  선생님은 서서 강의를 하시고, 우리는 앉아서 수업을 듣는다.
- 她 带着 孩子 去 公园 了。
  Tā dàizhe háizi qù gōngyuán le.
  그녀는 아이를 데리고 공원에 갔다.
- 妈妈 听着 音乐 睡觉 呢。
  Māma tīngzhe yīnyuè shuìjiào ne.
  엄마는 음악을 들으면서 주무시고 계시다.

2 지속형의 시제

동작의 지속형은 동작의 진행형과 마찬가지로 과거나 현재, 또는 미래의 어느 시점에서도 모두 사용할 수 있으며, 시제는 '昨天'이나 '明天' 등 시간을 나타내는 단어로 나타낸다.

❶ 과거의 지속형

- 刚才 我 回 宿舍 的 时候，看见 他 房间 的 门 开着 呢。
  Gāngcái wǒ huí sùshè de shíhou, kànjiàn tā fángjiān de mén kāizhe ne.
  방금 내가 기숙사로 돌아갈 때, 그의 방문이 열려 있는 것을 보았다.

❷ 현재의 지속형

· 外边 正 下着 雨 呢。 밖에 비가 내리고 있다.
Wàibian zhèng xiàzhe yǔ ne.

❸ 미래의 지속형

· 明天 你 再 来 的 时候，这儿 一定 会 摆着 一 套 家具。
Míngtiān nǐ zài lái de shíhou, zhèr yídìng huì bǎizhe yí tào jiājù.
내일 네가 다시 왔을 때, 여기에는 틀림없이 가구 한 세트가 배치되어 있을 거야.

3 지속형의 부정문

지속형의 부정형은 '没(有) + 동사 + 着'로 나타낸다.

· 门 没 有 开着，窗户 开着 呢。 문은 열려 있지 않고, 창문은 열려 있다.
Mén méi yǒu kāizhe, chuānghu kāizhe ne.

· 金 先生 没 有 躺着，他 坐着 呢。 김 선생은 누워 있지 않고, (그는) 앉아 있다.
Jīn xiānsheng méi yǒu tǎngzhe, tā zuòzhe ne.

4 지속형의 의문문

지속형의 정반 의문문 형식은 '동사 + 着 + 没有'로 나타내며, 의문 대사 '什么' 등을 써서 의문문을 만들 수도 있다.

· 门 开着 没 有? 문이 열려 있나요?
Mén kāizhe méi yǒu?

· 电视 开着 没 有? TV는 켜져 있나요?
Diànshì kāizhe méi yǒu?

· 墙 上 挂着 什么 呢? 벽에는 무엇이 걸려 있습니까?
Qiáng shang guàzhe shénme ne?

· 桌子 上 放着 什么 呢? 책상 위에 무엇이 놓여 있습니까?
Zhuōzi shang fàngzhe shénme ne?

작문연습

1 주어진 단어로 문장 만들기

(1) 누나는 음악을 들으며 책을 보고 있다.

听 / 姐姐 / 音乐 / 看书 / 呢 / 着

➡ ______________________________。

(2) 아버지는 소파에 앉아 계신다.

沙发 shāfā / 爸爸 / 呢 / 上 / 着 / 在 / 坐

➡ ______________________________。

(3) 그는 모자와 안경을 쓰고 있다.

戴 dài / 帽子 màozi / 着 / 他 / 和 hé / 眼镜 yǎnjìng

➡ ______________________________。

(4) 어머니는 아기를 안고 계신다.

妈妈 / 呢 / 孩子 / 着 / 抱 bào

➡ ______________________________。

(5) 그녀는 울면서 말했다. "안녕!"

哭 kū / 说 / 着 / 她 / 再见

➡ ______________________________。

(6) 학생들은 모두 앉아 있지 않고 서 있다.

学生们 / 坐 / 没有 / 着 / 都 / 着 / 他们 / 站

➡ ______________________________。

2 문장 확장 연습

(1) 어머니는 편지를 읽으면서 얼굴에 기쁜 표정을 지으셨다.

① 어머니가 편지를 읽으신다.

➡ ____。

② 어머니가 편지를 읽고 있는 중이시다.

➡ ____。

③ 어머니가 얼굴에 기쁜 표정을 지으셨다.

➡ ____。

④ 어머니는 편지를 읽으면서 얼굴에 기쁜 표정을 지으셨다.

➡ ____。

(2) 길 옆의 긴 의자 위에 늙은 부부 한 쌍이 앉아 있다.

① 의자 위에 부부 한 쌍이 앉아 있다.

➡ ____。

② 의자 위에 늙은 부부 한 쌍이 앉아 있다.

➡ ____。

③ 긴 의자 위에 늙은 부부 한 쌍이 앉아 있다.

➡ ____。

④ 길 옆의 긴 의자 위에 늙은 부부 한 쌍이 앉아 있다.

➡ ____。

HINT

信 xìn 편지
脸 liǎn 얼굴
露出 lòuchū 나타나다, 드러나다
神色 shénsè 표정, 기색

椅子 yǐzi 의자
路边 lùbiān 길가

연습문제

◆ 다음 문장을 중국어로 작문하시오.

1. 학생들은 춤추고 노래하고 있다.

____。

2. 그들은 경극을 보고 있다.

____。

3. 문 앞이 한 무리의 사람들로 둘러싸여 있다.

____。

4. 밖에는 비가 오고 있다.

____。

5. 그는 손에 중한 사전 한 권을 들고 있다.

____。

6. 그녀는 얼굴을 붉히면서 죄송하다고 말한다.

____。

7. 그는 염치 불고하고 친구에게 돈을 빌린다.

____。

8. 우리 선생님은 앉아서 수업을 하신다.

____。

9. 많은 사람들이 서서 축구 시합을 구경하고 있다.

____。

10. 문 앞에 커다란 간판 하나가 걸려있다.

____。

HINT

跳 tiào 뛰다, 춤추다

京剧 jīngjù 경극

围 wéi 둘러싸다

群 qún 무리, 떼

硬着头皮 yìngzhe tóupí 염치 불고하고, 뻔뻔스럽게

足球 zúqiú 축구

比赛 bǐsài 시합

牌子 páizi 간판

29 동작의 완료형

동사 뒤에 동태 조사 '了'를 써서 어떤 동작이나 행위의 실현, 또는 완료를 나타내게 된다. 동작의 완료형의 기본 문형은 다음과 같다.

긍정문	我朋友来了。	주어 + 동사 + 了
	我买了很多书。	주어 + 동사 + 了 + 관형어 + 목적어
부정문	我没有买东西。	주어 + 没有 + 동사 + 목적어
	他还没(有)来呢。	주어 + 还没(有) + 동사 + 呢
의문문	你买了那本书吗?	주어 + 동사 + 了 + 목적어 + 吗?
	你买了什么?	주어 + 동사 + 了 + 의문사?
	你买了那本书没有?	주어 + 동사 + 了 + 목적어 + 没有?
	你买没买那本书?	주어 + 동사 + 没 + 동사 + 목적어?

1 완료형의 긍정문

A. 목적어가 필요없는 동사 + 了

목적어가 필요없는 자동사 뒤에 동태 조사 '了'를 써서 동작이 완료되었음을 나타낸다.

· 我 朋友 从 中国 来 了。 내 친구가 중국에서 왔다.
Wǒ péngyou cóng Zhōngguó lái le.

· 他们 都 死 了。 그들은 모두 죽었다.
Tāmen dōu sǐ le.

B. 동사가 수식이 없는 간단한 목적어를 갖게 될 때

문장 끝에 어기 조사 '了'를 써서 문장이 완전하게 끝났음을 나타낸다. 그러나 동작의 완료나 실현에 중점을 둘 필요가 없을 때는 동태 조사 '了'를 쓰지 않고 문장 끝에 어기조사 '了'만 써도 된다.

동사 + (了) + 단순 목적어 + 了
동태 조사 어기 조사

- 我 吃(了) 饭 了。 나는 밥을 먹었다.
  Wǒ chī(le) fàn le.
- 我 写(了) 信 了。 나는 편지를 썼다.
  Wǒ xiě(le) xìn le.
- 我 看(了) 报 了。 나는 신문을 봤다.
  Wǒ kàn(le) bào le.

동사가 관형어의 수식이 없는 단순한 목적어를 취하면서 동태 조사 '了'만 썼을 때는 그 동작이 완료되고 난 다음에 또 다른 동작이 곧바로 이어질 것임을 나타낸다. 그러나 문장 끝에 어기 조사 '了'를 다시 썼을 때는 앞의 동작이 완료되자마자 바로 다음 동작이 일어났음을 나타낸다.

동사 + 了 + 단순 목적어, 就~ ~하고 나서 곧 ~할 거다
동사 + 了 + 단순 목적어, 就~ 了 ~하고 나서 곧 ~했다
동태 조사 어기 조사

- 我 换好 了 衣服，就 上班。 나는 옷을 갈아입고 바로 출근할 거다.
  Wǒ huànhǎo le yīfu, jiù shàngbān.
- 我 换好 了 衣服，就 上班 了。 나는 옷을 갈아입고 바로 출근했다.
  Wǒ huànhǎo le yīfu, jiù shàngbān le.
- 我 买好 了 书，就 回家。 나는 책을 사고 바로 집으로 돌아갈 거다.
  Wǒ mǎihǎo le shū, jiù huíjiā.
- 我 买好 了 书，就 回家 了。 나는 책을 사고 바로 집으로 돌아갔다.
  Wǒ mǎihǎo le shū, jiù huíjiā le.

c. 동사가 수식을 받는 목적어를 갖게 될 때

동태 조사 '了'를 수반한 동사 뒤에 오는 목적어는 일반적으로 '수사 + 양사'로 이루어진 관형어나 기타 관형어와 함께 써야 완전한 문장을 이룰 수 있다. 이때 문장 끝에 어기 조사 '了'는 필요없다.

동사 + 了 + 관형어(수사 + 양사) + 목적어
동사 + 了 + 관형어 + 목적어

· 我 吃 了 三 个 香蕉。 나는 바나나 세 개를 먹었다.
Wǒ chī le sān ge xiāngjiāo.

· 我 买 了 很 多 杂志。 나는 많은 잡지를 샀다.
Wǒ mǎi le hěn duō zázhì.

· 他 昨天 参加 了 我们 班 的 足球 比赛。
Tā zuótiān cānjiā le wǒmen bān de zúqiú bǐsài.
그는 어제 우리 반 축구시합에 참가했다.

D. 수식을 받는 목적어와 了의 관계

동사가 관형어의 수식을 받는 목적어를 가지면서 동태 조사 '了'만 썼을 때는 단순하게 그 동작이 이미 완료되었음을 나타낸다. 그러나 어기 조사 '了'와 함께 썼을 때는 동작이 아직 진행중이거나 앞으로 계속 진행될 것임을 나타낸다.

동사 + 了 + 관형어 + 목적어
동사 + 了 + 관형어 + 목적어 + 了

· 我 学 了 三 年 (的) 汉语。 나는 3년 동안 중국어를 공부했다.
Wǒ xué le sān nián (de) Hànyǔ.

· 我 学 了 三 年 (的) 汉语 了。 나는 중국어를 배운 지 3년이 된다.
Wǒ xué le sān nián (de) Hànyǔ le.

· 我 翻译好 了 十 个 句子。 나는 열 개의 문장을 번역했다.
Wǒ fānyìhǎo le shí ge jùzi.

· 我 已经 翻译好 了 十 个 句子 了，现在 要 翻译 下边 的。
Wǒ yǐjīng fānyìhǎo le shí ge jùzi le, xiànzài yào fānyì xiàbian de.
나는 이미 열 개의 문장을 다 번역하고, 지금 그 다음 것을 번역하려고 한다.

2 완료형의 부정문

동태 조사 '了'가 쓰인 동사의 부정은 동사 앞에 '没(有)'를 쓴다. 이때 동사 뒤에 놓였던 '了'는 없어지게 된다. 만약 앞으로 일어날 일이지만 아직 일어나지 않았을 경우에는 '还没(有)~呢' 형식으로 표현한다.

· 我 没 (有) 买 东西，我 朋友 买 了。
Wǒ méi (yǒu) mǎi dōngxi, wǒ péngyou mǎi le.
나는 물건을 안 샀고, 내 친구는 샀다.

· 我 没 有 看 今天 的 早报。 나는 오늘 조간 신문을 보지 않았다.
Wǒ méi yǒu kàn jīntiān de zǎobào.

· 我 还 没 告诉 他 呢。 난 아직 그에게 말 안했어.
Wǒ hái méi gàosu tā ne.

· 我 哥哥 还 没 结婚。 우리 형은 아직 결혼을 안 했다.
Wǒ gēge hái méi jiéhūn.

3 완료형의 의문문

진술문 뒤에 '吗'를 붙여서 나타낼 수도 있고, 의문사를 사용할 수도 있다. 또한 정반 의문문의 형식을 써서 '~了没有' 또는 '~没~'로 나타낼 수도 있다.

A：你 买 了 什么? 너 뭐 샀니?
Nǐ mǎi le shénme?

B：我 买 了 一 台 电脑。 나는 컴퓨터 한 대를 샀어.
Wǒ mǎi le yì tái diànnǎo.

· 昨天 的 电影 我 没(有) 看，你 看 了 没 有?
Zuótiān de diànyǐng wǒ méi(yǒu) kàn, nǐ kàn le méi yǒu?
난 어제 영화를 못 봤는데, 너는 봤니?

· 你们 访问 了 那 位 作家 没 有?
Nǐmen fǎngwèn le nà wèi zuòjiā méi yǒu?
너희들은 그 작가를 방문했니?

· 他 买 没 买 收音机?
Tā mǎi méi mǎi shōuyīnjī?
그는 라디오를 샀니?

昨天你买了什么书?
我买了这本
漫画。
comic

작문연습

1 주어진 단어로 문장 만들기

(1) 나는 이미 그에게 전화를 했다.

我 / 电话 / 了 / 打 / 给 / 他 / 已经 / 了

➡ ______________________________。

(2) 나는 이미 아침밥을 먹었다.

我 / 了 / 吃 / 已经 / 早饭 / 了

➡ ______________________________。

(3) 너는 무슨 소설을 읽었니?

你 / 了 / 小说 / 看 / 什么

➡ ______________________________?

(4) 나는 수업이 끝나면 바로 어머니한테 전화할 거다.

课 / 打 / 我 / 下 / 给 / 了 / 就 / 妈妈 / 电话

➡ ______________________________。

(5) 어머니는 많은 과일을 사셨다.

妈妈 / 很 / 了 / 买 / 水果 / 多

➡ ______________________________。

(6) 나는 중국어 배운 지 3개월 됐다.

了 / 学 / 三 / 的 / 我 / 汉语 / 个 / 了 / 月

➡ ______________________________。

2 문장 확장 연습

(1) 우리는 만리장성에서 장 선생님과 함께 사진을 찍었다.

① 우리는 사진을 찍었다.

➡ ____。

② 우리는 만리장성에서 사진을 찍었다.

➡ ____。

③ 우리는 장 선생님과 함께 사진을 찍었다.

➡ ____。

④ 우리는 만리장성에서 장 선생님과 함께 사진을 찍었다.

➡ ____。

(2) 나는 이마트에서 아무 물건도 사지 않았는데, 친구는 많은 물건을 샀다.

① 나는 아무 물건도 사지 않았다.

➡ ____。

② 나는 이마트에서 아무 물건도 사지 않았다.

➡ ____。

③ 내 친구는 많은 물건을 샀다.

➡ ____。

④ 나는 이마트에서 아무 물건도 사지 않았는데, 친구는 많은 물건을 샀다.

➡ ____。

HINT

照相 zhàoxiàng
사진을 찍다

易买得 Yìmǎidé
이마트

연습문제

◆ 다음 문장을 중국어로 작문하시오.

1. 지난 주 일요일에 내 친구가 영국에서 왔다.

______________________________。

2. 우리는 어제 오리구이를 먹었다.

______________________________。

3. 너희들은 중국어를 배우고 나서야 중국어 책을 읽을 수가 있다.

______________________________。

4. 나는 또 몇 명의 새 친구를 알게 되었다.

______________________________。

5. 그는 많은 중문 소설을 읽었다.

______________________________。

6. 우리는 아침밥을 먹고 곧 만리장성에 갈 것이다.

______________________________。

7. 내일 수업이 끝나고 내가 널 찾으러 갈게.

______________________________。

8. 나는 이미 그에게 전화를 걸었다.

______________________________。

9. 중국에 온 후 나는 많은 중국 영화를 보았다.

______________________________。

10. 오늘 아침의 방송을 나는 못 들었는데 너는 들었니?

______________________________?

HINT

英国 Yīngguó 영국

烤鸭 kǎoyā 오리구이

能 néng ~할 수 있다

认识 rènshi 알다

广播 guǎngbō 방송

30 동작의 경험형

동태 조사 '过'는 동사 뒤에 놓여 어떤 동작이 과거에 발생했음을 나타내거나, 과거의 어떤 경험 등이 있었음을 나타내며 '~해 본 적이 있다'라고 해석한다. 동작의 경험을 나타내는 문장의 기본 유형은 다음과 같다.

긍정문	我去过中国。 我听过中国歌儿。	주어 + 동사 + 过 + (목적어)
부정문	我没(有)去过美国。	주어 + 没(有) + 동사 + 过 + (목적어)
	他还没(有)去过中国。	주어 + 还没(有) + 동사 + 过 + (목적어)
의문문	你去过中国吗?	주어 + 동사 + 过 + (목적어) + 吗?
	你还吃过什么?	주어 + 동사 + 过 + 의문사?
	你看过那本书没有?	주어 + 동사 + 过 + (목적어) + 没有?

1 경험형의 긍정문

긍정문은 동사 뒤에 경험을 나타내는 동태 조사 '过'만 붙이면 된다.

- 我们 去过 中国。 우리는 중국에 가 본 적이 있다.
  Wǒmen qùguo Zhōngguó.
- 那 部 电影 我们 班 的 同学 都 看过。
  Nà bù diànyǐng wǒmen bān de tóngxué dōu kànguo.
  그 영화는 우리 반 친구들이 모두 본 적이 있다.
- 我 听过 中国 民歌。 나는 중국 민요를 들어 본 적이 있다.
  Wǒ tīngguo Zhōngguó míngē.

2 경험형의 부정문

부정형은 동사 앞에 '没(有)'를 붙여 '没有~过' 형식으로 사용한다. 아직 해 보지 않았다고 할 때는 '还没有~过'로 나타낸다.

没有 + 동사 + 过	~해 보지 못했다 ~한 적이 없다
还没有 + 동사 + 过	아직 ~해 보지 못했다 아직 ~를 못 해 봤다

· 我们 没 有 去过 日本。
Wǒmen méi yǒu qùguo Rìběn.
우리는 일본에 가 본 적이 없다.

· 来 中国 以前，我 没 有 学过 汉语。
Lái Zhōngguó yǐqián, wǒ méi yǒu xuéguo Hànyǔ.
중국에 오기 전에 난 중국어를 배워 본 적이 없다.

· 来 中国 以后，我们 还 没 去过 上海。
Lái Zhōngguó yǐhòu, wǒmen hái méi qùguo Shànghǎi.
중국에 온 후, 우리는 아직 상해에 가 보지 못했다.

· 我 还 没 吃过 北京 烤鸭。
Wǒ hái méi chīguo Běijīng kǎoyā.
나는 아직 북경 오리구이를 먹어 본 적이 없다.

3 경험형의 의문문

❶ 경험형의 의문문은 여러 가지 형태로 사용될 수 있다.

· 你 去过 中国 吗?
Nǐ qùguo Zhōngguó ma?
너 중국에 가 본 적 있니?

· 除了 烤鸭 以外，你 还 吃过 什么?
Chúle kǎoyā yǐwài, nǐ hái chīguo shénme?
오리구이 외에 너는 또 무엇을 먹어 봤니?

❷ 정반 의문문의 형식 또한 여러 가지 형태로 사용될 수 있다.

동사 + 过没有?
동사 + 过 +목적어 + 没有?

· 长城 你 去过 没 有?
Chángchéng nǐ qùguo méi yǒu?
만리장성에 너 가 봤니?

· 你 以前 学过 汉语 没 有?
Nǐ yǐqián xuéguo Hànyǔ méi yǒu?
너 이전에 중국어 배워 본 적 있니?

· 你 看过 中国 电影 没 有?
Nǐ kànguo Zhōngguó diànyǐng méi yǒu?
너는 중국 영화를 본 적이 있니?

· 昨天 你 去过 图书馆 没 有?
Zuótiān nǐ qùguo túshūguǎn méi yǒu?
어제 너 도서관에 간 적 있니?

알아맞혀 보세요!

有 个 好 朋 友,
Yǒu ge hǎo péng you,
좋은 친구가 하나 있는데,

天 天 跟 我 走。
tiān tiān gēn wǒ zǒu.
매일 매일 날 따라 다녀요.

有 时 走 在 前,
Yǒu shí zǒu zài qián,
어떤 때는 내 앞에서 걷고,

有 时 走 在 后,
yǒu shí zǒu zài hòu,
어떤 때는 내 뒤에서 걷지요,

我 和 他 说 话,
wǒ hé tā shuō huà,
내가 그에게 말을 하면,

他 呀 不 开 口。
tā ya bù kāi kǒu.
그는요 말을 안 해요.

작문연습

1 주어진 단어로 문장 만들기

(1) 나는 전에 중국어를 배운 적이 있다.

学 / 我 / 以前 / 过 / 汉语

➡ ____。

(2) 나는 홍콩에 세 번 가 봤다.

香港 Xiānggǎng / 过 / 三 / 我 / 次 / 去

➡ ____。

(3) 그 영화를 난 이미 세 번이나 봤다.

遍 / 我 / 部 / 已经 / 那 / 看 / 过 / 三 / 电影 / 了

➡ ____。

(4) 너 홍루몽(紅樓夢) 읽어 본 적 있니?

没有 / 红楼梦 Hónglóumèng / 过 / 读 / 你

➡ ____?

(5) 나는 아직 광동 요리를 못 먹어 봤다.

过 / 还 / 粤菜 Yuècài / 我 / 吃 / 没 / 呢

➡ ____。

(6) 너 그의 여자 친구를 본 적 있니?

没有 / 女朋友 / 他 / 见 / 的 / 你 / 过

➡ ____?

2 문장 확장 연습

(1) 그는 비록 많은 외국어를 배웠었지만, 한 가지도 마스터하지못했다.

① 그는 외국어를 배운 적이 있다.

➡ ____。

② 그는 많은 외국어를 배운 적이 있다.

➡ ____。

③ 그는 한 가지도 마스터하지 못했다.

➡ ____。

④ 그는 비록 많은 외국어를 배웠었지만, 한 가지도 마스터하지못했다.

➡ ____。

(2) 우리는 많은 곳을 가 봤고, 계림(桂林)만 가 보지 못했을 뿐이다.

① 우리는 가 봤다.

➡ ____。

② 우리는 많은 곳을 가 봤다.

➡ ____。

③ 우리는 계림에 가 보지 못했다.

➡ ____。

④ 우리는 많은 곳을 가 봤고, 계림(桂林)만 가 보지 못했을 뿐이다.

➡ ____。

HINT

外语 wàiyǔ 외국어

学好 xuéhǎo 마스터하다

虽然~, 但是~ suīrán, dànshì 비록 ~이지만, 그러나~

不少 bù shǎo 적지 않다, 많다

桂林 Guìlín 계림

就是 jiùshì ~일 뿐이다

연습문제

◆ 다음 문장을 중국어로 작문하시오.

1. 나는 삼국지를 세 번 읽어 봤다.

____。

2. 우리 아버지는 꽤 여러 번 중국에 가신 적이 있다.

____。

3. 나는 꽤 여러 가지 일을 해 봤다.

____。

4. 나는 중국에는 가 봤지만, 아직 미국에 가 보지 못했다.

____。

5. 나는 지금까지 그 사람처럼 그렇게 좋은 사람을 본 적이 없다.

____。

6. 나는 중국 소수민족의 음악을 들어 본 적이 없다.

____。

7. 그는 수호지는 꽤 여러 번 읽었지만, 서유기는 읽어 본 적이 없다.

____。

8. 우리는 이전에 홍콩에 살았던 적이 있다.

____。

9. 나는 한라산에는 올라가 봤으나 아직 백두산에는 올라가 보지 못했다.

____。

10. 너는 그에게 물어 본 적이 있니?

____?

HINT

三国演义 Sānguó yǎnyì 삼국지

从来 cónglái 지금까지

少数民族 shǎoshù mínzú 소수민족

水浒传 Shuǐhǔ zhuàn 수호지

西游记 Xīyóujì 서유기

汉拿山 Hànnáshān 한라산

白头山 Báitóushān 백두산

정답

제1과 동사 술어문

작문연습 p.11

1. ⑴ 她每天学习汉语。
   ⑵ 我们不学习日语。
   ⑶ 他是小王的朋友，不是我的朋友。
   ⑷ 我给他一本小说。
   ⑸ 张老师教我们数学。
   ⑹ 你不去书店吗?
2. ⑴
   ① 办法很好。
   ② 这个办法很好。
   ③ 认为这个办法很好。
   ④ 大家认办这个办法很好。
   ⑵
   ① 打篮球。
   ② 一起打篮球。
   ③ 他跟朋友一起打篮球。
   ④ 每天他跟朋友一起打篮球。

연습문제 p.13

1. 我工作，他也工作。
2. 他吃米饭，他朋友吃面包。
3. 妈妈喝红茶，我喝咖啡。
4. 哥哥听音乐，我看电影。
5. 我喝酒，不抽烟。
6. 爸爸不喝酒，也不抽烟。
7. 他不看杂志，看电视。
8. 他学不学汉语?（他学汉语吗?）
9. 你喝什么?
10. 你朋友学不学英语?
    （你朋友学英语吗?）

제2과 형용사 술어문

작문연습 p.17

1. ⑴ 我们宿舍很干净。
   ⑵ 这个星期我们不太忙。
   ⑶ 这个汉字难，那个不难。
   ⑷ 图书馆的书很多。
   ⑸ 首尔的冬天不冷。
   ⑹ 北京的夏天热不热?
2. ⑴
   ① 勇敢。
   ② 很勇敢。
   ③ 女孩子很勇敢。
   ④ 那个女孩子很勇敢。
   ⑵
   ① 工厂很大。
   ② 那个工厂很大。
   ③ 去参观的那个工厂很大。
   ④ 我们去参观的那个工厂很大。

연습문제 p.19

1. 这本书很贵。
2. 今天我很忙。
3. 他的宿舍很大。
4. 今天的天气很热。
5. 我们学校的礼堂很大。
6. 这个贵，那个不贵(便宜)。
7. 这个东西干净，那个东西脏。
8. 这个房子大，那个房子小。
9. 这个汉字难，那个汉字不难(容易)。
10. 首尔的冬天不太冷。

제3과 주술 술어문

작문연습 p.22

1. ⑴ 你身体不舒服吗?
   ⑵ 你父母身体怎么样?
   ⑶ 我朋友努力学习。
   ⑷ 我们工厂年轻人不少。
   ⑸ 你牙还疼不疼?
   ⑹ 这儿空气很好，也很安静。
2. ⑴
   ① 体重六十五公斤。
   ② 身高一米七。
   ③ 体重六十五公斤，身高一米七。
   ④ 我体重六十五公斤，身高一米七。
   ⑵
   ① 声音不错。
   ② 外形不太好看。
   ③ 这种收音机声音不错。
   ④ 这种收音机声音不错，但外形不太好看。

연습문제 p.24

1. 我奶奶身体很好。
2. 今天我头很疼。
3. 这个青年工作很积极。
4. 今天我身体很不舒服。
5. 这种电视机外形不太好看。
6. 你爷爷身体怎么样?
7. 你身体不舒服吗?
8. 今天你胃口好吗?（今天你胃口好不好?）
9. 这种收音机声音好不好?
   （这种收音机声音好吗?）
10. 你眼睛还疼不疼?（你眼睛还疼吗?）

제4과 명사 술어문

작문연습 p.27

1. ⑴ 今天十月五号星期天。
   ⑵ 苹果一斤五块三。
   ⑶ 我今年二十一岁。
   ⑷ 他不是日本人，他(是)中国人。
   ⑸ 您(是)哪儿的人?
   ⑹ 这件毛衣多少钱?
2. ⑴
   ① 五块四(毛)。
   ② 一共五块四(毛)。
   ③ 三斤一共五块四(毛)。
   ④ 橘子三斤一共五块四(毛)。
   ⑵
   ① 九月二十号。
   ② 九月二十号了。
   ③ 已经九月二十号了。
   ④ 今天已经九月二十号了。

연습문제 p.29

1. 今天星期几?
2. 今天星期五。
3. 今天8月8号吧?
4. 今天不是8号，是9号。
5. 今年2021年。
6. 她不是北京人，是南京人。
7. 那个人不是广东人。
8. 十五个人一个班。
9. 这件衣服三十块(钱)。
10. 一斤两块。

제5과 의문문(1)

작문연습 p.36

1. ⑴ 你的家在首尔吗?
   ⑵ 这种事你能办成吗?
   ⑶ 这个房子住几个人?
   ⑷ 你是什么时候来到中国的?
   ⑸ 你想怎么做就怎么做。
   ⑹ 谁知道这个汉字的意思谁举手。
2. ⑴
   ① 去锻炼。
   ② 不去锻炼。
   ③ 为什么不去锻炼?
   ④ 你今天为什么不去锻炼?
   ⑵
   ① 告诉我。
   ② 告诉我那件事情。
   ③ 没告诉我那件事情。
   ④ 你怎么没告诉我那件事情?

연습문제 p.38

1. 这(里)是什么地方?
2. 你怎么不去呢?
3. 昨天你去哪儿了?
4. 小王是哪个班的学生?
5. 她是哪国人?
6. 你们学校有多少学生?
7. 你今年年纪多大?
8. 这条河多宽?
9. 这个菜怎么吃?
10. 你明天去哪儿买衣服?

제6과 의문문(2)

작문연습 p.42

1. ⑴ 你是不是中国留学生?
   ⑵ 你有没有汉韩词典?
   ⑶ 这是你的书还是他的书?
   ⑷ 那本书很好，是不是?
   ⑸ 张老师教你们汉语吧?
   ⑹ 你的汉语课本呢?
2. ⑴
   ① 看电影。
   ② 愿意看电影。
   ③ 不愿意看电影。
   ④ 你们愿意不愿意看电影?
   ⑵
   ① 在这儿抽烟。
   ② 可以在这儿抽烟。
   ③ 不可以在这儿抽烟。
   ④ 我们可不可以在这儿抽烟?

연습문제 p.44

1. 你有没有录音机?
2. 这个电脑贵不贵?
3. 你有没有昨天的人民日报?
4. 这个句子对还是不对?
5. 你们今天去还是明天去?
6. 你借杂志还是漫画?
7. 那本书很好，是不是?
8. 我去看电影，你呢?
9. 你卖还是他卖?
10. 你哥哥在食堂吃饭还是在家吃饭?

제7과 是자문

작문연습 p.47

1. (1) 北京是中华人民共和国的首都。
   (2) 我朋友的姐姐不是大学生。
   (3) 他们不都是中国人。
   (4) 这支钢笔是我的。
   (5) 那本画报不是我们老师的。
   (6) 那辆汽车是不是他的?
2. (1)
   ① 我不知道。
   ② 我还不知道。
   ③ 他是哪国人?
   ④ 我还不知道他是哪国人。
   (2)
   ① 记录和传达。
   ② 记录和传达的文字。
   ③ 汉字是记录和传达的文字。
   ④ 汉字是记录和传达汉语的文字。

연습문제 p.49

1. 我朋友是日本人。
2. 她是护士，她爱人是医生。
3. 这些不都是我的。
4. 这些都不是我的。
5. 这双皮鞋不是我爸爸的，是我哥哥的。
6. 他们不是留学生，是汉语老师。
7. 我爸爸是律师，妈妈也是律师。
8. 你朋友都是美国人吗?
9. 这些是什么?
10. 这些书都不是你的吗?

제8과 有자문

작문연습 p.53

1. (1) 我们班有四十个学生。
   (2) 我们学校的后面有一个医院。
   (3) 一年有十二个月，五十二个星期。
   (4) 这个西瓜有五斤多重。
   (5) 学校附近没有邮局。
   (6) 那条河有一公里宽。
2. (1)
   ① 参加比赛的人。
   ② 参加比赛的人有中国人。
   ③ 参加比赛的人有中国人，还有韩国人。
   ④ 参加比赛的人有中国人，有韩国人，还有日本人。
   (2)
   ① 有六十多岁。
   ② 大约有六十多岁。
   ③ 他大约有六十多岁。
   ④ 我看他大约有六十多岁。

연습문제 p.55

1. 我有一本中文书。
2. 那里有什么?
3. 书架上有很多书，有的是中文的，有的是韩文的。
4. 屋子里有人。
5. 屋子里有一张床。
6. 我现在一分钱都没有。
7. 我妈妈没有红毛衣。
8. 我家没有汽车，只有自行车。
9. 你有没有电脑?
10. 桌子上有什么?

제9과 연동문

작문연습 p.59

1. ⑴ 昨天我去看足球赛了。
   ⑵ 你去看电影，还是去看京剧?
   ⑶ 今天下午我去买杂志。
   ⑷ 我们都有机会上大学。
   ⑸ 我没有什么理由不同意。
   ⑹ 我们有责任帮助他们。
2. ⑴
   ① 一定回来。
   ② 寒假一定回来。
   ③ 寒假我一定回来。
   ④ 寒假我一定回来看你。
   ⑵
   ① 我没有小说。
   ② 我现在没有小说看。
   ③ 我要去借一本。
   ④ 我现在没有小说看，我要去借一本。

연습문제 p.61

1. 我每天都去学校听录音。
2. 每天我爸爸都骑自行车上班。
3. 朋友们都来帮忙。
4. 我去银行取钱。
5. 他去百货公司买照相机。
6. 我没有钱买车票。
7. 你最近有没有小说看?
   (你最近有没有小说值得看?)
8. 我们这儿没有人姓张。
9. 我没有什么理由可以反对。
10. 我每天都跟中国朋友用汉语聊天。

제10과 겸어문

작문연습 p.64

1. ⑴ 他劝我少抽烟。
   ⑵ 张老师叫我们回去。
   ⑶ 我们选他当班长。
   ⑷ 这件事使我很感动。
   ⑸ 老师鼓励我们学习汉语。
   ⑹ 我们宿舍有一个同学病了。
2. ⑴
   ① 我们去首尔大公园玩儿。
   ② 跟我们一起去首尔大公园玩儿。
   ③ 老师跟我们一起去首尔大公园玩儿。
   ④ 我们请老师跟我们一起去首尔大公园玩儿。
   ⑵
   ① 接电话。
   ② 来接电话。
   ③ 小王立刻来接电话。
   ④ 你叫小王立刻来接电话。

연습문제 p.66

1. 王老师叫我们背第三课的课文。
2. 妈妈叫哥哥去买豆腐。
3. 她爸爸不让她去看电影。
4. 老师让同学们每天都写日记。
5. 董事长要员工们这个星期天加班。
6. 老师叫他去拿粉笔。
7. 爸爸不让我抽烟。
8. 让我好好儿地想一想!
9. 让您麻烦了，真对不起。
10. 我们没请他来，是他自己来的。

제11과 존현문

작문연습 p.69

1. ⑴ 大树下坐着几位老人。
   ⑵ 昨天发生了一件大事。
   ⑶ 天上飞着几只鸟。
   ⑷ 办公室里摆着几张桌子。
   ⑸ 昨天来了一位新老师。
   ⑹ 墙上贴着一张海报。
2. ⑴
   ① 二十本中文书。
   ② 二十多本中文书。
   ③ 摆着二十多本中文书。
   ④ 书架上摆着二十多本中文书。
   ⑵
   ① 卖玩具。
   ② 站着几个小孩儿。
   ③ 柜台前边站着几个小孩儿。
   ④ 卖玩具的柜台前边站着几个小孩儿。

연습문제 p.71

1. 桌子上放着一本书。
2. 我们宿舍里搬走了一个人。
3. 礼堂里坐满了看电影的人。
4. 那边跑过来了一个孩子。
5. 湖边坐着两位老人。
6. 广场上开走了几辆车。
7. 窗口前边挂着一块牌子。
8. 楼下来了一位客人。
9. 墙上画着一只鸟儿。
10. 他家死了一个人。

제12과 把자문

작문연습 p.76

1. ⑴ 我把这本小说看了两遍。
   ⑵ 弟弟把我的书弄脏了。
   ⑶ 咱们把这个问题研究研究。
   ⑷ 你把书架上的书整理一下。
   ⑸ 你怎么把我的话忘了?
   ⑹ 你为什么不把这消息告诉他?
2. ⑴
   ① 老天爷把事情交给我们。
   ② 老天爷把我们不能做到的事情交给我们。
   ③ 老天爷不把我们不能做到的事情交给我们。
   ④ 老天爷绝不把我们不能做到的事情交给我们。
   ⑵
   ① 你把杂志看完了吗?
   ② 你把那本杂志看完了吗?
   ③ 你把借给你的那本中文杂志看完了吗?
   ④ 你把金老师借给你的那本中文杂志看完了吗?

연습문제 p.78

1. 他把窗户关上了。
2. 请把门开开。
3. 我们把作业做完了。
4. 妈妈把晚饭准备好了。
5. 有人把我想看的书借走了。
6. 我们把美元换成人民币了。
7. 我把车票交给她了。
8. 我们把这本书翻译成中文了。
9. 你能把这个照相机借给我吗?
10. 他把汽车开到医院门口了。

제13과 피동문

작문연습 p.82

1. (1) 我们被王老师批评了。
   (2) 所有的困难都被克服了。
   (3) 我们公司的申请已经被批准了。
   (4) 他被大家说服了。
   (5) 衣服被雨淋湿了。
   (6) 那个孩子被金先生救活了。
2. (1)
   ① 翻译成中文。
   ② 被人翻译成中文了。
   ③ 那本小说已经被人翻译成中文了。
   ④ 你说的那本小说已经被人翻译成中文了。
   (2)
   ① 弄得乱七八糟。
   ② 被孩子弄得乱七八糟。
   ③ 几张资料被孩子弄得乱七八糟。
   ④ 桌子上的几张资料被孩子弄得乱七八糟。

연습문제 p.84

A. 의미상의 피동문

1. 信已经写好了。
2. 菜已经做好了。
3. 车票已经卖完了。
4. 房间打扫干净了。
5. 衣服叠好了。
6. 你要的那本书放在桌子上了。
7. 你别着急，问题一定会解决的。
8. 黑板擦得很干净。
9. 问题已经解决了。
10. 虫子都消灭光了。

B. 피동표시가 있는 피동문

1. 那本书昨天被别人借走了。
2. 他被大家选为班长了。
3. 我的自行车刚刚被弟弟骑走了。
4. 那个孩子也被狗咬了。
5. 车票都被他们买了。
6. 衣服让树枝挂破了。
7. 这个谜语叫小学生猜着了。
8. 我的话叫他听见了。
9. 门给风吹开了。
10. 我的钱包没被小偷儿偷去。

제14과 비교문

작문연습 p.91

1. (1) 妹妹比弟弟还高。
   (2) 他翻译得比我快。
   (3) 他比我学习好。
   (4) 这儿的公园跟那儿一样多。
   (5) 你的意见跟他的一样吗?
   (6) 这个句子的意思跟那个句子的不一样。
2. (1)
   ① 他不喜欢。
   ② 他不喜欢下棋。
   ③ 他更不喜欢打扑克。
   ④ 他不喜欢下棋，更不喜欢打扑克。
   (2)
   ① 他二十岁，我十九岁。
   ② 他比我大。
   ③ 我比他小。
   ④ 他二十岁，我十九岁，他比我大，我比他小。

연습문제 p.93

1. 我最喜欢爬山。
2. 她今天来得最早。
3. 这座山好，但我去过的那座山更好。
4. 我比以前更喜欢中国了。
5. 苹果比橘子还贵。
6. 他汉语说得比我流利。
7. 我汉字写得比他好。
8. 他比我大四岁。
9. 这本词典比那本贵十块。
10. 摩托车比自行车贵得多。

제15과 복문(1)

작문연습 p.98

1. (1) 老师一边指着地图一边说。
   (2) 老师讲，我们做笔记。
   (3) 我不但喜欢吃中国菜，而且会做中国菜。
   (4) 这次回来见到你们，我很高兴。
   (5) 你是学英语还是学日语呢?
   (6) 他在家里不是看电视，就是睡觉。
2. (1)
   ① 他生气。
   ② 他生我的气。
   ③ 他反而跟我亲热起来。
   ④ 他不但不生我的气，反而跟我亲热起来。
   (2)
   ① 样子好看。
   ② 价钱又便宜。
   ③ 质量又好。
   ④ 样子好看，价钱又便宜，质量又好，买了吧。

연습문제 p.100

1. 我爸爸今年五十四岁，妈妈五十三岁。
2. 我是从北京来的，姐姐是从香港来的。
3. 他们一边跳舞，一边唱歌。
4. 他既是个小说家，也是个画家。
5. 我不是去美国，而是去中国。
6. 老师让我们先用韩语写，再翻译成汉语。
7. 咱们先去香港，再去北京，怎么样?
8. 今天不但妈妈来了，而且爸爸也来了。
9. 宁可站着死，决不跪着生。
10. 明天金先生去，还是朴先生去?

제16과 복문(2)

작문연습 p.105

1. ⑴ 虽然春天已经到了，但是天气还很冷。
   ⑵ 他学习很用功，可是考试成绩却不太好。
   ⑶ 因为天气不好，所以我们没去首尔。
   ⑷ 如果有什么问题，可以随时来找我。
   ⑸ 只要好好复习，就一定能考好。
   ⑹ 为了庆祝他的生日，我们决定开个晚会。
2. ⑴
   ① 我是首尔人。
   ② 特别关心首尔队。
   ③ 我特别关心首尔队。
   ④ 因为我是首尔人，所以我特别关心首尔队。
   ⑵
   ① 这个星期六。
   ② 这个星期六有空儿。
   ③ 来我家玩儿。
   ④ 你要是这个星期六有空儿，来我家玩儿。

연습문제 p.107

1. 如果没有你的帮助，我就失败了。
2. 只要天气好，他就一定来。
3. 只有小李去叫她，她才会来。
4. 因为经济困难，所以我这个学期不能上学。
5. 因为这本小说很有意思，所以想看的人不少。
6. 因为你没了解实际的情况，所以你不应该胡说。
7. 除了他们俩以外，我们都知道事情的经过。
8. 除了英语以外，他还会说汉语和日语。
9. 为了买一本满意的英文词典，我走了很多书店。
10. 只要努力，你就能学好汉语。

제17과 관형어

작문연습 p.115

1. ⑴ 他正在写毕业论文。
   ⑵ 朴先生是谦虚的人。
   ⑶ 这是他们提出的工作计划。
   ⑷ 我的一个朋友今天去中国。
   ⑸ 这是关于中国经济的调查报告。
   ⑹ 我叫弟弟看今天的天气预报。
2. ⑴
   ① 我不同意。
   ② 我不同意他们的看法。
   ③ 我不同意对这个问题的看法。
   ④ 我不同意他们对这个问题的看法。
   ⑵
   ① 我们还记得。
   ② 我们还记得那句话。
   ③ 我们还记得你们说的那句话。
   ④ 我们还记得你们在船上说的那句话。

연습문제 p.117

1. 这是明天晚上八点的电影票。
2. 这是我的责任。
3. 大家都要注意自己的健康。
4. 他妈妈是英国人，爸爸是美国人。
5. 这是我的自行车，那是我朋友的自行车。
6. 我在书店买了一张世界地图。
7. 我们班有十个同学。
8. 你爸爸在哪个银行工作?
9. 我要买一件毛衣。
10. 他的办公室在楼下。

제18과 부사어

작문연습 p.123

1. ⑴ 我哥哥今天又去了图书馆。
(我哥哥今天又去图书馆了。)
⑵ 他下课以后，立刻回家去了。
⑶ 车子忽然停下来了。
⑷ 小金有计划地学习汉语。
⑸ 他父母强烈地反对他的婚事。
⑹ 我们不能机械地适用那个原则。

2. ⑴
① 看得仔细。
② 评审委员看得仔细。
③ 那位评审委员看得很仔细。
④ 那位评审委员一张一张地看得很仔细。
⑵
① 辜负过父母的希望。
② 他没有辜负过父母的希望。
③ 他没有辜负过父母对他的希望。
④ 他从来没有辜负过父母对他的希望。

연습문제 p.125

1. 弟弟很认真，也很大胆。
2. 昨天我们举行了一个会议。
3. 我对这件事没有任何意见。
4. 那些小朋友都愿意去动物园。
5. 这是十分合理的方法。
6. 他很热情地接待了我们。
7. 这件事跟你没有任何关系。
8. 他昨天发表了一篇文章。
9. 咱们屋里谈吧！
10. 老师向我们一一介绍了所有的参考书。

제19과 정도 보어

작문연습 p.129

1. ⑴ 他介绍得很好。
⑵ 她的家布置得很漂亮。
⑶ 你们听得清楚不清楚?
⑷ 今天天气热极了。
⑸ 她弹钢琴弹得很好。
⑹ 金先生汉语说得怎么样?

2. ⑴
① 他们很忙。
② 他们一点儿空儿都没有。
③ 他们忙得一点儿空儿都没有。
④ 他们有时忙得一点儿空儿都没有。
⑵
① 他没有吃晚饭。
② 他连晚饭都没有吃。
③ 他气得连晚饭都没有吃。
④ 他昨天气得连晚饭都没有吃。

연습문제 p.131

1. 他说汉语说得很流利。
2. 我爸爸睡得不早。
3. 昨天你来得晚不晚?(昨天你来得晚吗?)
4. 乒乓球你打得怎么样?
5. 我爷爷每天都起得很早。
6. 他写汉字写得跟中国人一样快。
7. 她看了那个电影，感动得流下了泪。
8. 他回答得不对。
9. 你写汉字写得好不好?
10. 他讲得大家都笑起来了。

제20과 결과 보어

작문연습 p.138

1. (1) 我们每天学到晚上十二点钟。
   (2) 我们已经打听清楚了那儿的情况。
   (3) 我还没有看完那本中文小说。
   (4) 他找了半天才找到了机票。
   (5) 他答对了那个问题。
   (6) 我没听懂老师的话。
2. (1)
   ① 我看完那本画报。
   ② 我没看完那本画报
   ③ 我还没看完你给我的那本画报。
   ④ 我还没看完你给我的那本中文画报。
   (2)
   ① 我遇见了一个朋友。
   ② 我在路上遇见了一个朋友。
   ③ 我遇见了一个多年不见的朋友。
   ④ 我在路上遇见了一个多年不见的朋友。

연습문제 p.140

1. 树叶都变成红的了。
2. 我们把这本书翻译成中文了。
3. 我们学到第五课了。
4. 我弟弟学会骑自行车了。
5. 昨天我在百货商店看见他了。
6. 屋里空气不好，请把窗户打开。
7. 这些书和杂志我都看完了。
8. 他坐在老师的旁边。
9. 今天我进到这里。
10. 孩子们丢的东西都找着了。

제21과 방향 보어

작문연습 p.147

1. (1) 饭店的服务员把我的行李拿下来了。
   (2) 学生们立刻从教室跑出来了。
   / 学生们立刻从教室跑了出来。
   (3) 她的脸马上红起来了。
   / 她的脸马上红了起来。
   (4) 我朋友买来了很多水果。
   / 我朋友买了很多水果来。
   (5) 我的汉语词典谁借走了?
   (6) 他从书架上拿下几本英文小说来。
2. (1)
   ① 一位妇女走进办公室来了。
   ② 一位妇女拿着手机走进办公室来了。
   ③ 一位五十岁左右的妇女走进办公室来了。
   ④ 一位五十岁左右的妇女拿着手机走进办公室来了。
   (2)
   ① 在电影院我遇到了一位老朋友。
   ② 我立刻跑过去了。/ 我立刻跑了过去。
   ③ 我跟他握手了。 / 我跟他握了手。
   ④ 在电影院我遇到一位老朋友，我立刻跑过去跟他握手了。
   / 在电影院我遇到一位老朋友，我立刻跑过去跟他握了手。

연습문제 p.149

A. 단순 방향 보어

1. 我们的老师进来了。
2. 我们的老师出去了。
3. 她上来了。
4. 我们下去了。
5. 我们的老师进教室来了。
6. 爸爸上楼来了。

7. 他常常到上海去。
8. 下课后，我们都回宿舍去了。
9. 明天去长城游览，我要带照相机去。
10. 我给约翰打电话去。

B. 복합 방향 보어

1. 他走进图书馆来了。
2. 拿出你的照片来(拿出来你的照片)，给大家看看。
3. 他爬上长城去了。
4. 汽车开过桥去了。
5. 她从楼上跑下来了。(跑了下来)
6. 天气渐渐暖和起来了。
7. 听了他的话，大家都笑起来了。
/ 听了他的话，大家都笑了起来。
8. 不用的东西我都收起来了。
9. 这个故事很有意思，请你说下去吧。
10. 我们已经把这个句子翻译出来了。

제22과 가능 보어

작문연습 p.155

1. (1) 你喝得了一瓶啤酒吗?
(2) 这篇文章不难，大家都看得懂。
(3) 今天下雨，开不了运动会了。
(4) 中国小说我们现在还看不懂。
(5) 你能借得着那本书吗?
(6) 这个房间放不下两张床。
2. (1)
① 我看得见字。
② 我看得见黑板上的字。
③ 但是我看不清楚黑板上的字。
④ 我看得见黑板上的字，但是看不清楚。
(2)
① 你一天做得完。
② 你一天做不完。
③ 这些作业你一天做得完。
④ 这些作业你一天做得完做不完?

연습문제 p.157

1. 我们坐公交车去，晚上七点以前回得来。
2. 这个收音机我自己修不好。
3. 这个字很简单，连小孩儿都写得好。
4. 今晚我做不完这么多(的)工作。
5. 我说不出道理来。
6. 他们说的汉语你都听得懂吗?
7. 那本书也许买得到。
8. 我们想不出好办法来。
9. 这么多(的)高粱酒你喝得了吗?
10. 下午四点我还有个约会，你四点以前回得来回不来?

제23과 동량 보어

작문연습 p.162

1. ⑴ 我们公司每周开一次会。
   ⑵ 我看过他三回。
   ⑶ 我去过上海三次。(我去过三次上海。)
   ⑷ 我看了两遍他的小说。
   ⑸ 我想跟你吃一顿饭。
   ⑹ 天气不好，一阵风一阵雨的。
2. ⑴
   ① 我去过日本一趟。
   ② 我坐了飞机。
   ③ 我来回都坐了飞机。
   ④ 我去过日本一趟，来回都坐了飞机。
   ⑵
   ① 他们问了我。
   ② 他们问了我两回。
   ③ 我都没说清楚。
   ④ 他们问了我两回，我都没说清楚。

연습문제 p.164

1. 首尔我来过三次了。
2. 这本漫画你看过几遍了?
3. 我去过几次中国了。
4. 我来找过三次老师，他都不在。
5. 我自责了一顿。
6. 我狠狠地打了他两拳。
7. 人家想一遍，我想它十遍。
8. 她抬头看了我一眼。
9. 他慢慢地用袖子擦了一下眼泪。
10. 我打算去一趟北京。

제24과 시량 보어

작문연습 p.169

1. ⑴ 讨论进行了两个小时了。
   ⑵ 我病了五天没上学。
   ⑶ 我找了他们半天。
   ⑷ 我学日语学了三年了。
   ⑸ 我学了一年的藏文。
   ⑹ 你来中国几年了?
2. ⑴
   ① 他的父亲去世了。
   ② 他的父亲去世十年了。
   ③ 他的母亲去世一年了。
   ④ 他的父亲去世十年了，母亲去世一年了。
   ⑵
   ① 我回家来。
   ② 我回家来两个小时了。
   ③ 弟弟还在睡着呢。
   ④ 我回家来两个小时了，弟弟还在睡着呢。

연습문제 p.171

1. 他离开了一个月了。
2. 他死了已经三年了。
3. 他的哥哥在中国住了四十多年。
4. 他来了半年多了。
5. 我们已经认识十年了。
6. 妈妈打电话打了一个小时。
7. 我们学了四年的上海话。
8. 我们学粤语学了四年了。
9. 我上了一天的网，累死了。
10. 我等了她半天。

제25과 수량 보어

작문연습 p.175

1. (1) 爸爸比妈妈大三岁。
   (2) 我比哥哥小两岁。
   (3) 这本书比那本书多一百页。
   (4) 西瓜比甜瓜贵二十块钱。
   (5) 我个子比爸爸高二十厘米。
   (6) 这个箱子比那个重五公斤。
2. (1)
   ① 这本词典多出一百页。
   ② 这本词典比那本多出一百页。
   ③ 这本词典比那本便宜五十块钱。
   ④ 这本词典比那本多出一百页，可是价钱却比那本便宜五十块钱。
   (2)
   ① 这个箱子很大。
   ② 这个箱子比那个还大。
   ③ 那个箱子很重。
   ④ 这个箱子比那个还大，但那个箱子却比这个重三公斤。

연습문제 p.177

1. 这个比那个贵五百块钱。
2. 我们班的学生比那个班的学生多三个。
3. 这种空调比那种便宜八百块钱。
4. 这台洗衣机比那台贵一百块钱。
5. 这个桥比那个还长两百米。
6. 金先生每天比李小姐早三十分种上班。
7. 妈妈每天比爸爸早睡一个小时。
8. 今年的大米产量比去年多一倍。
9. 爸爸(年纪)比妈妈大十五岁。
10. 她比我多买了两斤西红柿。

제26과 동작의 임박형

작문연습 p.182

1. (1) 我快要毕业了。
   (2) 我们就要结婚了。
   (3) 快九点了。
   (4) 现在八点了，要上课了。
   (5) 下星期我就要回国了。
   (6) 快要冬天了。
2. (1)
   ① 天气很冷。
   ② 天气快要冷了。
   ③ 我要准备一下冬天的衣服。
   ④ 天气快要冷了，我要准备一下冬天的衣服。
   (2)
   ① 快十二点了。
   ② 都快十二点了。
   ③ 我还没收拾好呢。
   ④ 都快十二点了，可我还没收拾好呢。

연습문제 p.184

1. 我朋友明天就要去中国留学了。
2. 现在六点了，商店要关门了。
3. 我的作业快做完了。
4. 金先生和李小姐就要结婚了。
5. 我来韩国快一年了。
6. 天气快要冷了，该穿大衣了。
7. 天阴了，要下雨了。
8. 我们这星期五就要考试了。
9. 现在下午四点，银行四点半就要关门了。
10. 我大姐下个月就要结婚了。

제27과 동작의 진행형

작문연습 p.188

1. (1) 他正在写文章呢。
   (2) 我朋友在宿舍睡觉呢。
   (3) 爸爸没看电视，他在看报呢。
   (4) 你在听什么音乐呢?
   (5) 外面正在下大雪呢。
   (6) 妈妈在给小姨打电话呢。
2. (1)
   ① 去朋友的家。
   ② 昨天晚上我去朋友的家。
   ③ 他在做作业呢。
   ④ 昨天晚上我去朋友的家时，他在做作业呢。

   (2)
   ① 你到我家来。
   ② 你这个星期六晚上到我家来。
   ③ 我们正在开晚会呢。
   ④ 你这个星期六晚上到我家来的时候，我们一定正在开晚会呢。

연습문제 p.190

1. 刚才我进宿舍来的时候，她在唱歌呢。
2. 刚才我进家的时候，妈妈在给朋友打电话呢。
3. 我昨天去首尔的时候，正在下大雨呢。
4. 你们现在做什么呢?
5. 我们在吃午饭呢。
6. 他们没有看电视，在学习汉语呢。
7. 你明天到我家来的时候，我们可能在做菜呢。
8. 金先生最近在找工作呢。
9. 明年九月，我可能会在一个贸易公司工作呢。
10. 那位作家在写什么小说呢?

제28과 동작의 지속형

작문연습 p.195

1. (1) 姐姐听着音乐看书呢。
   (2) 爸爸在沙发上坐着呢。
   (3) 他戴着帽子和眼镜。
   (4) 妈妈抱着孩子呢。
   (5) 她哭着说：“再见！”
   (6) 学生们都没有坐着，他们站着。
2. (1)
   ① 妈妈读信。
   ② 妈妈读着信。
   ③ 妈妈脸上露出了高兴的神色。
   ④ 妈妈读着信，脸上露出了高兴的神色。

   (2)
   ① 椅子上坐着一对夫妇。
   ② 椅子上坐着一对老年夫妇。
   ③ 长椅子上坐着一对老年夫妇。
   ④ 路边长椅子上坐着一对老年夫妇。

연습문제 p.197

1. 学生们跳着，唱着。
2. 他们正看着京剧呢。
3. 门口围着一群人。
4. 外面下着雨。
5. 他手上拿着一本汉韩词典。
6. 她红着脸说，“对不起。”
7. 他硬着头皮向朋友借钱。
8. 我们老师坐着进课。
9. 很多人站着看足球比赛。
10. 门口挂着一个大牌子。

제29과 동작의 완료형

작문연습 p.203

1. ⑴ 我已经给他打(了)电话了。
   ⑵ 我已经吃(了)早饭了。
   ⑶ 你看了什么小说?
   ⑷ 我下了课就给妈妈打电话。
   ⑸ 妈妈买了很多水果。
   ⑹ 我学了三个月的汉语了。
2. ⑴
   ① 我们照相了。
   ② 我们在长城照相了。
   ③ 我们和张老师一起照相了。
   ④ 我们在长城和张老师一起照相了。
   ⑵
   ① 我什么东西都没有买。
   ② 我在易买得什么东西都没有买。
   ③ 我朋友买了很多东西。
   ④ 我在易买得什么东西都没有买，可是我朋友买了很多东西。

연습문제 p.205

1. 上星期日，我朋友从英国来了。
2. 昨天我们吃烤鸭了。
3. 你们学了汉语以后才能看中文书。
4. 我又认识了几个新朋友。
5. 他看了很多中文小说。
6. 我们吃了早饭就去长城。
7. 明天下了课，我去找你。
8. 我已经给他打了电话。(我已经给他打电话了。)
9. 来中国以后，我看了很多中国电影。
10. 我没有听今天早上的广播，你听了没有?

제30과 동작의 경험형

작문연습 p.209

1. ⑴ 我以前学过汉语。
   ⑵ 我去过三次香港。
   ⑶ 那部电影我已经看过三遍了。
   ⑷ 你读过《红楼梦》没有?
   ⑸ 我还没吃过粤菜呢。
   ⑹ 你见过他的女朋友没有?
2. ⑴
   ① 他学过外语。
   ② 他学过好几门外语。
   ③ 他一门都没有学好。
   ④ 他虽然学过好几门外语，但是一门都没有学好。
   ⑵
   ① 我们去过。
   ② 我们去过不少地方。
   ③ 我们没有到过桂林。
   ④ 我们去过不少地方，就是没有到过桂林。

연습문제 p.211

1. 我看过三遍《三国演义》。
2. 我爸爸去过好几次中国。
3. 我做过好几种工作。
4. 我去过中国，可是还没去过美国。
5. 我从来没看过像他那么好的人。
6. 我没听过中国少数民族的音乐。
7. 他看过好几遍《水浒传》，可是没有看过《西游记》。
8. 我们以前在香港住过。
9. 我爬过汉拿山，可是还没爬过白头山。
10. 你问过他吗?(你问过他没有? 你问没问过他?)

원종민

한국외국어대학교 중국어과 학사
한국외국어대학교 대학원 중어중문과 석사
국립대만사범대학 국문연구소 박사
사이버한국외국어대학교 중국어학부 교수
저서 : 『기초를 다져주는 핵심중국어 문법』, 『초급중국어강독』, 『호텔리어 중국어』(공저), 『간호 중국어 회화』(공저), 『일상생활 중국어 회화』(공저) 『듣기 중국어 회화』(공저) 외 다수

기초를 다져주는
핵심 중국어 문법 개정판

개정3쇄 2024년 2월 5일

저자 원종민
발행인 이기선
발행처 제이플러스
주소 서울시 마포구 월드컵로 31길 62
전화 (02) 332-8320 팩스 (02) 332-8321
등록번호 제10-1680호
등록일자 1998년 12월 9일
홈페이지 www.jplus114.com

ISBN 979-11-5601-156-9

값 14,000원